FONDUES

Fein aufgegabelt

Autorin: Tanja Dusy | Fotos: Maria Grossmann und Monika Schürle

DIE GU-QUALITÄTS-GARANTIE

Wir möchten Ihnen mit den Informationen und Anregungen in diesem Buch das Leben erleichtern und Sie inspirieren, Neues auszuprobieren. Bei jedem unserer Bücher achten wir auf Aktualität und stellen höchste Ansprüche an Inhalt, Optik und Ausstattung. Alle Rezepte und Informationen werden von unseren Autoren gewissenhaft erstellt und von unseren Redakteuren sorgfältig ausgewählt und mehrfach geprüft. Deshalb bieten wir Ihnen eine 100%ige Qualitätsgarantie.

Darauf können Sie sich verlassen:
Wir legen Wert darauf, dass unsere Kochbücher zuverlässig und inspirierend zugleich sind.
Wir garantieren:
- dreifach getestete Rezepte
- sicheres Gelingen durch Schritt-für-Schritt-Anleitungen und viele nützliche Tipps
- eine authentische Rezept-Fotografie

Wir möchten für Sie immer besser werden:
Sollten wir mit diesem Buch Ihre Erwartungen nicht erfüllen, lassen Sie es uns bitte wissen! Nehmen Sie einfach Kontakt zu unserem Leserservice auf. Sie erhalten von uns kostenlos einen Ratgeber zum gleichen oder ähnlichen Thema. Die Kontaktdaten unseres Leserservice finden Sie am Ende dieses Buches.

GRÄFE UND UNZER VERLAG
Der erste Ratgeberverlag – seit 1722.

INHALT

TIPPS UND EXTRAS

Umschlagklappe vorne:
    Rund ums Fondue

- 4 Am Anfang war der Käse
- 5 Wissenswertes zum »Chächeli«
- 6 Fondues mit Fett und Brühe
- 7 Feines zum Aufgabeln
- 64 Fondue-Menüs: Festlich und leicht …

Umschlagklappe hinten:
    … oder edel und exotisch
    Das ultimative Schokofondue

8 MIT KÄSE

- 10 Klassisches Käsefondue
- 12 Bierfondue mit zweierlei Aufschnitt
- 13 Pilz-Speck-Fondue
- 14 Fonduta
- 14 Tomatenfondue
- 15 Gorgonzola-Fondue
- 15 Camembert-Fondue
- 16 Frischkäsefondue

18 MIT FETT UND BRÜHE

- 20 Fondue bourguignonne
- 22 Fleischbällchen-Fondue
- 24 Spicy Entenbrustfondue
- 24 Orient-Chicken-Fondue
- 25 Scharfes Lammfondue
- 25 Ranch-Rindfleischfondue
- 26 Wildfondue mit Rosenkohl und Lauch
- 28 Polentabällchen-Fondue
- 29 Käse-Birnen-Fondue
- 30 Herbstliches Gemüsefondue
- 32 Indisches Gemüsefondue
- 33 Gemüse-Tempura
- 34 Asiatischer Feuertopf
- 36 Wan-Tans mit Hackfüllung
- 38 Mediterranes Fischfondue
- 40 Japanisches Fondue mit Sesamdip
- 42 Vietnamesisches Fondue
- 44 Thai-Fondue

46 BEILAGEN UND SAUCEN

- 48 Couscous-Salat mit Granatapfel
- 49 Asiatischer Kohlsalat
- 50 Bunter Wintersalat
- 52 Safranschalotten
- 52 Möhren-Pastinaken-Antipasti
- 53 Koreanischer Spinat
- 53 Rote-Bete-Carpaccio
- 54 Sellerie-Remoulade
- 55 Apfel-Relish
- 56 Chimichurri
- 56 Scharfe Orangen-Aioli
- 57 Meerrettich-Kräuter-Dip
- 57 Süßscharfe Pflaumensauce
- 58 Paprika-Nuss-Dip
- 59 Scharfer Erdnussdip

- 60 Register
- 62 Impressum

Das grüne Blatt bei den Rezepten heißt fleischloser Genuss:
Mit diesem Symbol sind alle vegetarischen Gerichte gekennzeichnet.

AM ANFANG WAR DER KÄSE

Für ein klassisches Käsefondue braucht es eigentlich nur drei Dinge: sehr guten Käse, Weißwein und viel Geduld beim Rühren und Schmelzen.

VOM REST(E)ESSEN ZUM FESTESSEN

Obwohl es viele für das Schweizer Nationalgericht halten: Erfunden wurde das Käsefondue wohl in den Savoyer Alpen, einer Grenzregion zwischen der Schweiz und Frankreich. Allerlei Käse bzw. alte, harte Käsereste waren dort in den abgeschiedenen Berghütten immer vorhanden. In Wein geschmolzen und mit einem Hauch Knoblauch und vermutlich einem Schuss Kirschwasser verfeinert, wurde daraus das Fondue (von frz. »fondue« für »geschmolzen«). Je nach Gegend wird dafür bis heute meist eine Mischung aus bestimmten regionalen Käsespezialitäten verwendet.

WÜRZIG UND NICHT ZU JUNG

Welcher Käse eignet sich denn nun für ein Fondue? Die klare Empfehlung meinerseits lautet: die klassischen würzigen Bergkäse aus den Alpen wie Greyerzer (oder Gruyère, wenn er aus Frankreich stammt), Emmentaler, Appenzeller, Freiburger Vacherin, Beaufort, Sbrinz oder Raclettekäse. Sie geben einem Fondue Würze und Aroma. Nehmen Sie möglichst gereiften Käse (mind. 4 Monate) und – falls im Angebot – die (etwas teurere) Rohmilchvariante, die intensiver schmeckt. Man kann die Käsesorten hervorragend miteinander mischen, und die kräftigen bilden eine perfekte Grundlage, wenn noch jüngere Käsesorten oder cremige Weichkäse wie z. B. Blauschimmelkäse dazugegeben werden (immer erst die älteren Käse schmelzen, danach die weicheren Sorten hinzufügen).

WISSENSWERTES ZUM »CHÄCHELI«

Käsefondue ist eigentlich die einfachste Sache der Welt – und doch kann einiges schiefgehen. Hier ein paar Infos und Tricks, damit es garantiert gelingt.

Ganz stilecht wird der Käse in einem speziellen Topf, dem »Caquelon« (oder »Chächeli«, wie er in der Schweiz liebevoll genannt wird), geschmolzen. Früher war das Caquelon meist aus Steingut, heute gibt es auch Modelle aus Stahlkeramik oder beschichtetem Gusseisen. Diese Fonduetöpfe leiten die Hitze perfekt, werden aber nicht so heiß, dass der Käse ansitzen und verbrennen kann. Natürlich kann man auch für Käsefondue einen ganz normalen Fonduetopf verwenden, allerdings muss man dann aufpassen, dass er auf dem Rechaud nicht zu heiß wird. Das Wichtigste beim Schmelzen des Käses: ständig (mit einem Holzlöffel) rühren, damit sich Käse und Flüssigkeit zu einer cremigen Masse verbinden. Dabei ist durchaus etwas Geduld gefragt! Erst ganz zum Schluss, wenn sich Käse und Flüssigkeit richtig gut vermischt haben, lässt sich die Konsistenz beurteilen. Käseklümpchen verschwinden oft nach einiger Zeit von selbst. Auch wirkt die Masse am Anfang häufig zu dünnflüssig, wird aber dann von allein dicker. Sollte das nach einer Weile nicht der Fall sein, kann man einfach etwas mit Wein verrührte Speisestärke unterrühren und aufkochen. Ist das Fondue dagegen zu dickflüssig, gibt man am besten etwas Wein dazu und rührt ihn gründlich unter.

GIB DEM KÄSE SAURES

Geschmolzen wird der Käse in der Regel in Weißwein. Die Säure des Weins lässt harten Käse cremig schmelzen und sorgt für eine schöne Bindung. Ideal ist ein trockener, spritziger, möglichst säurebetonter Wein – es muss nichts übermäßig Teures sein, ein einfacher Tischwein erfüllt hier den Zweck. Wer auf Alkohol verzichten möchte, kann Apfelsaft oder Brühe verwenden und für die Säure 2–3 EL Zitronensaft unterrühren. Ist das Fondue bereit, ab damit auf das Rechaud! Dort sollte es sanft, auf keinen Fall brodelnd köcheln, damit es nicht anbrennt. Und jetzt heißt es: Brot und andere feine Zutaten auf die Fonduegabeln spießen, eintauchen und genießen!

FONDUES MIT FETT UND BRÜHE

Es geht auch ohne Käse: Fett- und Brühefondues mit feinen Zutaten und Extras garantieren ebenfalls einen genussvollen Abend in geselliger Runde.

Das inzwischen klassische Fettfondue, das »Fondue bourguignonne«, ist eine recht junge Erfindung aus Frankreich. Brühefondues, oft auch als »Fondue chinoise« bezeichnet, haben dagegen eine lange Tradition in Asien. Diese Variante hat es mir besonders angetan: Sie ist kalorienarm, und die Brühe lässt sich immer wieder aufregend neu würzen. Die übrige Brühe strotzt nur so vor Aroma, denn alle Zutaten, die hineingetaucht wurden, haben Geschmack hinterlassen. Eine köstliche Basis für Suppen oder Saucen! Und gut einfrieren kann man sie praktischerweise auch.

Für Brühe wie für Fettfondue braucht man einen handelsüblichen Fonduetopf, egal ob mit Rechaud oder elektrisch betrieben. Praktisch ist ein aufsetzbarer Spritzschutz mit Einkerbungen, in denen die Fonduegabeln ihren festen Platz haben. Und wer sich für Asia-Fondues begeistert, der kann sich im Asienladen ein paar Garsiebe zulegen.

KNOW-HOW FÜRS FETTFONDUE

Beim Fettfondue geht es heiß her: Das Fett muss sich auf 180° erhitzen lassen, damit alles gar und knusprig wird (siehe S. 20). Geeignet sind alle hoch erhitzbaren gehärteten Fette wie Palm- oder Kokosfett, spezielle Frittierfette, aber auch Butterschmalz. Wer Öl bevorzugt, muss raffinierte Varianten wählen, deren Rauchpunkt über 200° liegt. Ideal sind geschmacksneutrale Sorten wie Sonnenblumenöl, spezielle Brat-Öl-Mischungen oder raffiniertes Olivenöl. Wichtig beim Fettfondue: nie zu viele Stücke gleichzeitig eintauchen, sonst kühlt das Fett zu sehr ab und das Gargut wird nicht knusprig. Bei einem rechaudbetriebenen Fonduetopf das Fett am besten im Topf auf dem Herd erhitzen. Ist das Fondue beendet, das Fett abkühlen lassen, noch flüssig durch eine Kaffeefiltertüte in ein verschließbares Gefäß füllen und noch einmal verwenden (innerhalb eines Monats).

FEINES ZUM AUFGABELN

Manche mögen es am liebsten knusprig aus dem Fett, andere sanft gegart aus einer aromatischen Brühe. Diese Zutaten schmecken in beiden Varianten wunderbar.

FLEISCH & GEFLÜGEL

Beides lässt sich sowohl knusprig in Fett frittieren als auch schonend in Brühe zubereiten. Beim Fleisch ist gute Qualität das A und O. Sie können fast alle Stücke nehmen, die sich auch zum Kurzbraten eignen: also Filet, Lende oder Steak vom Rind, Filet oder Schnitzel vom Schwein und Filet oder Lachs vom Lamm. Auch Wildfilet eignet sich für Fondue, muss aber immer komplett durchgegart werden. Das gilt natürlich auch für Geflügel! Hier schmecken Hähnchen-, Putenbrust- oder Entenbrustfilet. Für ein Brühefondue sollte das Fleisch in möglichst dünne Scheiben geschnitten werden. Das geht am besten, wenn man das Stück in Frischhaltefolie wickelt und 1–2 Std. im Tiefkühlfach anfrieren lässt. Im Fettfondue schmecken auch Fleischwürfel.

FISCH & MEERESFRÜCHTE

Für ein edles Fischfondue können Sie fast alle festfleischigen, möglichst grätenfreien Fischfilets verwenden. Fragen Sie Ihren Fischhändler nach geeigneten Sorten. Zarte, dünne Filets (wie etwa von der Scholle oder Seezunge) lassen sich auch gut aufgerollt aufspießen. Garnelen und kleine Tintenfische eignen sich ebenfalls für Fondue.

GEMÜSE

Ich biete meinen Gästen gerne eine Mischung aus Fleisch oder Fisch und reichlich Gemüse an. So kann man ein richtig buntes Angebot auf dem Tisch präsentieren, da ist für jeden Geschmack etwas dabei. Und wie die Rezepte zeigen: Es gibt kaum ein Gemüse, dass sich nicht für Fondue eignet. Wichtig ist nur, dass alle harten Sorten vorab gut bissfest gegart worden sind, sonst werden sie nicht weich. Zartes Blattgemüse hingegen oder Pilze kann man roh aufspießen und direkt in Fett oder Brühe eintauchen.

KÜCHENPRAXIS 7

MIT KÄSE

»Fondue isch guet und git e gueti luune«, warb die Schweizer Käseindustrie in den 50er-Jahren. Stimmt bis heute, finde ich. Vor allem, weil man mit verschiedenen Käsesorten und anderen Zutaten immer wieder ganz andere feine Fondues zaubern kann – die schmecken alle und machen garantiert gute Laune!

KLASSISCHES KÄSEFONDUE

Wer hat's erfunden? Natürlich die Schweizer! Ihr Lieblingsfondue nennen sie »Moitié-Moitié«, also »Halb-Halb«, weil es zwei Käsesorten enthält.

400 g Greyerzer
400 g reifer Vacherin
1 Knoblauchzehe
ca. 350 ml trockener Weißwein
1–1½ EL Speisestärke
2 EL Kirschwasser
Pfeffer
600–800 g Weißbrot
(mit fester Rinde,
z. B. Baguette)

Das Original

Für 4 Personen |
25 Min. Zubereitung
Pro Portion ca. 1390 kcal,
73 g EW, 64 g F, 116 g KH

1 Beide Käsesorten entrinden und grob raspeln. Knoblauch halbieren und den Fonduetopf damit ausreiben. Etwa zwei Drittel des Weins und den gesamten Käse in den Topf geben. Den Käse bei schwacher bis mittlerer Hitze unter häufigem Rühren schmelzen. Wenn der Käse beginnt, flüssig zu werden, kräftig rühren, damit er sich gut mit dem Wein verbindet. So viel Wein dazugießen, bis die Masse die gewünschte Konsistenz hat – nicht zu fest und nicht zu flüssig, sodass sie gut am Brot haftet.

2 Etwa 1 EL Stärke mit dem Kirschwasser verrühren, zum Käse geben und alles unter kräftigem Rühren einmal aufkochen lassen. Noch kurz leicht köcheln lassen (sollte die Masse zu flüssig sein, noch ½ EL in Wasser angerührte Stärke unterrühren). Die Käsemasse mit Pfeffer würzen. Den Topf auf das Rechaud stellen und die Käsemasse am Siedepunkt halten.

3 Das Brot so in Stücke schneiden, dass möglichst an jedem Stück etwas Rinde ist. Je ein Brotstück aufspießen und im Käse wenden, dabei immer wieder mit dem Brot über den Topfboden fahren, damit die Käsemasse nicht anbrennt. Später, wenn weniger Käse im Topf ist, die Hitze evtl. reduzieren.

TIPP Dieses Grundrezept können Sie mit anderen Käsesorten, Obstbränden und Gewürzen ganz nach Geschmack immer wieder neu variieren. Oder Sie probieren andere Klassiker: Für »Neuenburger Fondue« nimmt man 300 g Emmentaler und 400 g Greyerzer, für »Appenzeller Fondue« 800 g Appenzeller. In der Ostschweiz schmilzt man je 200 g Emmentaler, Appenzeller, Vacherin und 2 EL gehobelten Sbrinz.

BIERFONDUE MIT ZWEIERLEI AUFSCHNITT

Je 350 g gekochter Schinken und Kasseler (in Scheiben) | 400 g Cheddar | 350 g Greyerzer | je 200 ml Malzbier (ohne Alkohol) und helles Bier | Saft von ½ Orange | 1 EL Butter | 2 TL Dijonsenf | 2 TL Speisestärke | Pfeffer | ca. 600 g Brot und Brezen (in Würfeln)

Zünftiger Hüttenzauber

Für 4 Personen | 25 Min. Zubereitung
Pro Portion ca. 1400 kcal, 70 g EW, 70 g F, 114 g KH

1 Schinken- und Kasselerscheiben evtl. längs halbieren, zu Röllchen aufdrehen und auf einer Platte anrichten. Den Käse entrinden und grob raspeln. Beide Biersorten mit der Hälfte des Orangensafts und der Butter leicht erhitzen. Den Käse darin bei mittlerer Hitze unter kräftigem Rühren schmelzen, bis sich alles gut verbunden hat.

2 Dann den Senf unter die Käsemasse rühren. Die Stärke mit dem übrigen Orangensaft glatt rühren, zum Käse geben und unter ständigem Rühren aufkochen lassen, bis die Masse sämig-cremig ist. Mit Pfeffer würzen. Die Schinken- und Kasselerröllchen im Wechsel mit Brot- oder Brezenstücken aufspießen und im Käse wenden.

TIPP

Zu diesem Fondue müssen bei mir unbedingt Essiggürkchen und Silberzwiebeln mit auf den Tisch. Wer es fleischlos mag, kann statt der Schinken- und Kasselerröllchen blanchierte Lauchringe oder Blumenkohlröschen in den Käse tunken. Und dazu gibt es ausnahmsweise mal Bier statt Weißwein!

PILZ-SPECK-FONDUE

5 g getrocknete Pfifferlinge | je 250 g Greyerzer, Vacherin und Raclettekäse | 1 Schalotte | 50 g magerer Schwarzwälder Schinkenspeck | 1 EL Butter | 500 g braune Champignons | 200 ml trockener Weißwein | 1 EL Speisestärke | 2 EL Cognac (nach Belieben) | frisch geriebene Muskatnuss | ca. 600 g Weißbrot (in Würfeln)

Wunderbar aromatisch

Für 4 Personen | 35 Min. Zubereitung | 2 Std. Ziehen
Pro Portion ca. 1360 kcal, 73 g EW, 63 g F, 115 g KH

1 Die Pfifferlinge mit 100 ml kochendem Wasser übergießen und ca. 2 Std. zugedeckt ziehen lassen. Alle Käsesorten entrinden und grob raspeln. Die Schalotte schälen und in kleine Würfel schneiden, den Schinkenspeck ebenfalls klein würfeln.

2 Die Pilze durch ein Sieb abgießen, dabei das Einweichwasser auffangen. Pilze ausdrücken und sehr klein hacken. Die Butter in einer Pfanne zerlassen, die Schalotte darin glasig andünsten. Den Speck dazugeben und anbraten. Die Pfifferlinge hinzufügen und kurz mitbraten. Die Pfanne vom Herd nehmen. Die Champignons trocken abreiben, putzen, vierteln und zugedeckt bereitstellen.

3 Den Wein und 100 ml Einweichwasser mischen (evtl. mit Wasser aufgießen). Den Käse und etwa zwei Drittel dieser Mischung in einen Topf geben und den Käse unter kräftigem Rühren schmelzen (siehe S. 10, Step 1). Nach und nach die übrige Weinmischung dazugeben. Stärke mit Cognac oder 2 EL Wasser verrühren und unterrühren. Mit Muskatnuss würzen. Aufkochen lassen, bis die Käsemasse eindickt. Pilze und Brotstücke aufspießen und im Käse wenden.

FONDUTA

600 g reifer Fontina (ersatzweise Greyerzer) | 450 ml Milch | 2 EL Butter | 1½ EL Mehl | 4 Eigelb | Salz | Pfeffer | 1 kleiner weißer Trüffel (nach Belieben) | 800 g Weißbrot (in Würfeln) oder Pellkartoffeln

Feines aus dem Piemont

Für 4 Personen | 20 Min. Zubereitung
Pro Portion ca. 1240 kcal, 59 g EW, 57 g F, 121 g KH

1 Den Käse entrinden, in Würfel schneiden und mit der Milch mischen. Die Butter in einem Topf zerlassen, das Mehl darin unter Rühren kurz anschwitzen. Die Milch-Käse-Mischung nach und nach dazugeben und unterrühren. Bei mittlerer Hitze rühren, bis der Käse geschmolzen ist.

2 Die Eigelbe nacheinander kräftig unterrühren. Weiterrühren, bis die Masse eindickt, dabei darauf achten, dass sie nicht kocht, sonst gerinnt das Eigelb. Salzen, pfeffern und nach Wunsch den Trüffel dünn darüberhobeln. Brotwürfel oder halbierte Pellkartoffeln aufspießen und in den Käse stippen.

TOMATENFONDUE

1 Möhre | 1 kleine Zwiebel | 1 Knoblauchzehe | 2 EL Olivenöl | 100 ml trockener Weißwein | 1 kleine Dose stückige Tomaten (400 g) | ¾ TL getrockneter Oregano | Salz | Pfeffer | 300 g Emmentaler | 350 g Greyerzer | 4 EL Sahne | 1 TL Speisestärke | 2 EL Grappa | 800 g Weißbrot (in Würfeln) oder Pellkartoffeln

Walliser Spezialität

Für 4 Personen | 25 Min. Zubereitung | 30 Min. Garen
Pro Portion ca. 1310 kcal, 65 g EW, 61 g F, 116 g KH

1 Möhre schälen und raspeln. Zwiebel und Knoblauch schälen, klein würfeln, im heißen Öl andünsten. Möhre kurz mitdünsten. Mit 50 ml Wein ablöschen, verkochen lassen. Tomaten unterrühren, mit Oregano, Salz und Pfeffer würzen. Zugedeckt bei mittlerer Hitze ca. 30 Min. köcheln, pürieren. Beide Käsesorten entrinden, grob raspeln, mit übrigem Wein und Sahne zur Sauce geben und unter Rühren schmelzen. Stärke mit Grappa verrühren, dazugeben, kochen lassen, bis die Masse eindickt.

GORGONZOLA-FONDUE

400 g Greyerzer | 200 g Sbrinz | 150 g Gorgonzola | 6 getrocknete Tomaten (in Öl) | 40 g Walnusskerne | 2 Zweige Thymian | 2 Schalotten | 1 Knoblauchzehe | 1½ EL Butter | 350 ml trockener Weißwein | 1 TL Zitronensaft | 2 EL Speisestärke | 2 EL Grappa | 800 g Weißbrot (in Würfeln) oder Pellkartoffeln

Würziges Herbstgericht

Für 4 Personen | 25 Min. Zubereitung
Pro Portion ca. 1465 kcal, 64 g EW, 74 g F, 119 g KH

1 Greyerzer und Sbrinz entrinden, grob raspeln, Gorgonzola würfeln. Tomaten und Nüsse hacken. Thymian waschen, trocken schütteln, Blättchen abzupfen und hacken. Schalotten und Knoblauch schälen und klein würfeln. Butter im Fonduetopf zerlassen, Schalotten und Knoblauch darin andünsten. Tomaten, Nüsse und Thymian kurz mitdünsten. Wein, Zitrussaft, geraspelten Käse hinzufügen, unter Rühren schmelzen. Stärke mit Grappa verrühren, dazugeben. Unter Rühren aufkochen, bis die Masse bindet. Den Gorgonzola unterrühren.

CAMEMBERT-FONDUE

400 g Greyerzer | 500 g Camembert | 1 Knoblauchzehe | 250 ml trockener Cidre | 1 EL Zitronensaft | 100 g Crème fraîche | 1 EL Speisestärke | 3 EL Calvados (franz. Apfelbrand) | Pfeffer | frisch geriebene Muskatnuss | 2 EL gehackte Petersilie | 800 g Baguette oder Nussbrot (in Würfeln)

Frankreich lässt grüßen

Für 4 Personen | 25 Min. Zubereitung
Pro Portion ca. 1435 kcal, 72 g EW, 72 g F, 118 g KH

1 Greyerzer entrinden und grob raspeln, Camembert entrinden und in Würfel schneiden. Knoblauch halbieren und den Fonduetopf damit ausreiben. Greyerzer, Cidre und Zitronensaft im Topf unter Rühren leicht schmelzen. Crème fraîche und Camembert unterrühren, nur ganz leicht zum Köcheln bringen. Die Stärke mit dem Calvados verrühren und untermischen, die Masse unter Rühren leicht eindicken lassen. Mit Pfeffer und Muskatnuss würzen, die Petersilie unterrühren. Zum Stippen passen außer Brot auch Birnenspalten und Trauben.

FRISCHKÄSEFONDUE

Käsefondue muss kein schweres Winteressen sein: Bei uns wandern immer wieder andere Frühlingsgemüse in diese milde, kräuterfrische Tunke.

1 kg kleine junge Kartoffeln
1 kleiner Blumenkohl (ersatzweise Romanesco)
500 g grüner Spargel
100 g Zuckerschoten
Salz
1 Bund Radieschen
400 g Emmentaler
je 1 kleines Bund Schnittlauch und Petersilie
1 Handvoll Kerbel (nach Belieben)
2 Schalotten
1 Knoblauchzehe
1 EL Butter
380 ml Gemüsebrühe
1–2 TL Zitronensaft
300 g Doppelrahmfrischkäse
1 TL Speisestärke
5 EL Sahne
weißer Pfeffer
frisch geriebene Muskatnuss

Kräuter- und gemüsefrisch 🌿

Für 4 Personen |
25 Min. Zubereitung
Pro Portion ca. 900 kcal,
44 g EW, 58 g F, 48 g KH

1 Die Kartoffeln unter fließendem kaltem Wasser gründlich abbürsten. Gemüse putzen und waschen, Blumenkohl in Röschen teilen, Spargel in ca. 4 cm lange Stücke schneiden. Blumenkohl, Spargel und Zuckerschoten nach Sorten getrennt nacheinander in kochendem Salzwasser bissfest garen. Jeweils abgießen, kalt abschrecken und abtropfen lassen. Gut trocken tupfen und auf einer Platte oder in Schälchen anrichten. Radieschen putzen, waschen, halbieren oder vierteln und dazulegen. Die Kartoffeln in Salzwasser ca. 20 Min. garen, abgießen und kurz ausdampfen lassen.

2 Inzwischen den Emmentaler entrinden und fein raspeln. Die Kräuter waschen und trocken schütteln, die Blätter abzupfen und nicht zu fein hacken, den Schnittlauch in Röllchen schneiden. Schalotten und Knoblauch schälen und klein würfeln.

3 Die Butter in einem Topf zerlassen, Schalotten und Knoblauch darin goldgelb andünsten. Mit der Brühe ablöschen. 1 TL Zitronensaft, Emmentaler und Frischkäse hinzufügen. Die Mischung bei mittlerer Hitze unter kräftigem Rühren langsam zum Kochen bringen und so lange weiterrühren, bis der Käse geschmolzen ist und sich gut mit der Brühe verbunden hat.

4 Stärke mit 3 EL Wasser verrühren. Unter die kochende Käsemasse rühren und unter Rühren 1–2 Min. köcheln lassen, bis die Masse eindickt. Die Sahne unterrühren, mit Pfeffer, Muskatnuss und evtl. Zitronensaft abschmecken. Den Topf vom Herd nehmen und die Kräuter unterrühren. Den Topf mit dem Käse auf das Rechaud stellen. Kartoffeln und Gemüse auf Fonduegabeln spießen und im Käse wenden.

TIPP Sie können die Käsemasse auch mit anderen Kräutern verfeinern, z. B. anstelle von Schnittlauch, Petersilie und Kerbel nur 100 g klein geschnittenen Bärlauch unterrühren. Oder für einen sommerlichen Genuss 1 Bund gehackte Petersilie, ½ Bund gehacktes Basilikum und 2 Msp. abgeriebene Bio-Zitronenschale untermischen. In diese köstliche Sauce kann man dann auch Zucchini- und Paprikastücke stippen.

MIT FETT UND BRÜHE

Wenn's im Topf blubbert, brodelt und zischt, freuen sich alle: Denn Fleisch, Fisch, Gemüse und vieles mehr garen in Fett oder Brühe schnell und herrlich aromatisch. Für mich das perfekte Gästeessen, bei dem jeder mitmachen darf und ich mich entspannt zurücklehnen kann.

FONDUE BOURGUIGNONNE

Zu diesem wunderbaren Grundrezept passen alle Saucen aus diesem Buch.
Den feinen Senfdip sollten Sie aber in jedem Fall dazu reichen.

Für das Fondue:
800 g Rinderfilet
250 g kleine Champignons
2 Stangen Lauch
Salz
Fett oder Öl für den Fonduetopf
Pfeffer
Für den Dip:
2 frische zimmerwarme Eigelb
1 TL flüssiger Honig
1½ EL Zitronensaft
150 ml Sonnenblumenöl
4 EL körniger Dijonsenf
100 g Crème légère
3 Stiele Estragon
Salz | Pfeffer

Der Klassiker

Für 4 Personen |
40 Min. Zubereitung
Pro Portion ca. 720 kcal,
48 g EW, 56 g F, 6 g KH

1 Für das Fondue das Filet in größere, mundgerechte Würfel schneiden. Die Champignons trocken abreiben und putzen. Den Lauch putzen, waschen und in ca. 1 cm dicke Ringe schneiden. In kochendem Salzwasser in 2–3 Min. bissfest garen, in ein Sieb abgießen, kalt abschrecken und gut trocken tupfen.

2 Für den Dip Eigelbe, Honig und 1 EL Zitronensaft in einen hohen Rührbecher geben. Das Öl dazugießen und alles zu einer cremigen Mayonnaise pürieren, dabei den Pürierstab immer wieder von unten nach oben führen. Senf und Crème légère verrühren und nach und nach unter die Mayonnaise rühren. Estragon waschen und trocken schütteln, die Blättchen abzupfen, fein hacken und unterrühren. Mit Salz, Pfeffer und Zitronensaft würzen.

3 Fett oder Öl im Fonduetopf auf dem Herd langsam schmelzen bzw. heiß werden lassen (der Topf sollte zu knapp zwei Dritteln gefüllt sein). Auf das Rechaud stellen und das Fett 170–180° heiß werden lassen. Das Fett ist heiß genug, wenn an einem Holzlöffelstiel, den man hineinhält, kleine Bläschen aufsteigen.

4 Fleischwürfel, Lauch und Champignons aufspießen und im heißen Fett garen – das Fleisch je nach Geschmack durch, medium oder mit blutigem Kern garen, anschließend salzen und pfeffern. Mit dem Dip servieren.

TIPP Geben Sie nie zu viel Fleisch oder Gemüse gleichzeitig ins heiße Fett, es kühlt dann zu stark ab. Die Folge: Das Gargut saugt sich mit Fett voll und wird nicht knusprig. Legen Sie kurze Pausen ein, damit sich das Fett wieder aufheizen kann.

FLEISCHBÄLLCHEN-FONDUE

Orientalisch oder lieber mediterran? Ich biete gerne beides an, denn die Bällchen sind schnell gemacht und bei meinen Gästen heiß begehrt.

1 kg gemischtes Hackfleisch
2 große Zwiebeln
2 Knoblauchzehen
2 EL Olivenöl
2 Eier
4 EL Semmelbrösel
3 EL Rosinen
2 EL gehacktes Koriandergrün
1 EL gehackte Minze
1 EL Ras-el-Hanout
(arab. Gewürzmischung)
1½ TL Harissa (Chilipaste)
Salz | Pfeffer
3 EL Pinienkerne
60 g Schafskäse (Feta)
1 EL gehackter Thymian
2 EL gehackte Petersilie
1 EL Tomatenmark
Fett oder Öl für den Fonduetopf

Würziges Duo

Für 4 Personen |
35 Min. Zubereitung |
30 Min. Kühlen
Pro Portion ca. 925 kcal,
58 g EW, 70 g F, 15 g KH

1 Das Hackfleisch halbieren und auf zwei Schüsseln verteilen. Zwiebeln und Knoblauch schälen und klein würfeln. Das Öl in einer Pfanne erhitzen, Zwiebeln und Knoblauch darin goldgelb andünsten. Jeweils die Hälfte der Mischung mit je 1 Ei und 2 EL Semmelbröseln zum Hackfleisch geben.

2 Für die orientalische Variante die Rosinen klein hacken und mit Koriandergrün, Minze, Ras-el-Hanout und Harissa in die eine Schüssel zum Hackfleisch geben und kräftig mit Salz und Pfeffer würzen. Alles mit den Händen gründlich mischen und aus der Hackmasse walnussgroße Bällchen formen.

3 Für die mediterrane Variante die Pinienkerne in einer Pfanne ohne Fett goldbraun rösten. Herausnehmen, kurz abkühlen lassen und grob hacken. Den Schafskäse in ca. 1 cm große Würfel schneiden. Pinienkerne, Thymian, Petersilie und Tomatenmark in die andere Schüssel zum Hackfleisch geben, kräftig salzen und pfeffern. Ebenfalls gut mischen und zu walnussgroßen Bällchen formen, dabei je ein Schafskäsestück in die Mitte geben.

4 Die Fleischbällchen auf einer Platte anrichten, evtl. mit Frischhaltefolie abdecken und am besten ca. 30 Min. kühl stellen. Die Bällchen auf Fonduegabeln spießen und im heißen Fett durchgaren. Dazu passt eine scharfe Orangen-Aioli (siehe S. 56) oder ein Paprika-Nuss-Dip (siehe S. 58).

SPICY ENTENBRUSTFONDUE

2 Entenbrüste (ca. 800 g) | 2 Orangen (davon 1 Bio) | 1 EL Sichuanpfeffer | 1 Stück Ingwer (ca. 3 cm) | 3 Sternanis | 2 EL Sojasauce | Pfeffer | Fett oder Öl für den Fonduetopf

Überraschend anders

Für 4 Personen | 20 Min. Zubereitung | 6 Std. Marinieren
Pro Portion ca. 390 kcal, 37 g EW, 23 g F, 6 g KH

1 Entenbrüste kalt abbrausen, trocken tupfen und das Fett entfernen. Das Fleisch in ca. 4 mm dicke Scheiben schneiden. Bio-Orange heiß waschen und abtrocknen, die Schale mit einem Zestenreißer abziehen. Beide Orangen auspressen.

2 Sichuanpfeffer im Mörser zerstoßen. Den Ingwer schälen und in Scheiben schneiden. Beides mit Sternanis, Sojasauce, Pfeffer, Orangensaft und -schale in einem Gefrierbeutel mit dem Fleisch mischen, im Kühlschrank ca. 6 Std. marinieren. In ein Sieb geben, Ingwer und Sternanis entfernen. Fleisch trocken tupfen, aufspießen, im Fett garen. Dazu passt eine Pflaumensauce (siehe S. 57).

ORIENT-CHICKEN-FONDUE

1 kg Hähnchenbrustfilet | 1 Bio-Zitrone | 2 Knoblauchzehen | ½ Bund Petersilie | 1 TL Kurkumapulver | ½ TL gemahlener Kreuzkümmel | 1–1 ½ TL Harissa (Chilipaste) | 5 EL hoch erhitzbares Olivenöl | Fett, Öl oder Brühe für den Fonduetopf

Fein gewürzt

Für 4 Personen | 20 Min. Zubereitung | 4 Std. Marinieren
Pro Portion ca. 515 kcal, 55 g EW, 32 g F, 0 g KH

1 Fleisch kalt abbrausen, trocken tupfen und in ca. 3 mm dicke Scheiben schneiden. Zitrone heiß waschen und abtrocknen, die Schale fein abreiben, den Saft auspressen. Knoblauch schälen. Petersilie waschen, trocken schütteln, die Blätter hacken. Beides mit Zitronensaft und -schale, Gewürzen und Öl gut verrühren. Mit dem Fleisch mischen, zugedeckt im Kühlschrank ca. 4 Std. marinieren.

2 Fleisch durchrühren. Je ein Stück aufspießen und im heißen Fett oder in heißer Brühe garen. Dazu passt ein Apfel-Relish (siehe S. 55).

SCHARFES LAMMFONDUE

800 g Lammlachs | 2 Knoblauchzehen | 2 EL flüssiger Honig | 6 EL hoch erhitzbares Olivenöl | 2 EL Ras-el-Hanout (arab. Gewürzmischung) | ⅓ TL Chilipulver | 2 EL Zitronensaft | abgeriebene Schale von 1 Bio-Orange | Pfeffer | Fett oder Öl für den Fonduetopf

Ein Hauch Orient

Für 4 Personen | 20 Min. Zubereitung | 4 Std. Marinieren
Pro Portion ca. 455 kcal, 40 g EW, 29 g F, 9 g KH

1 Das Lammfleisch in ca. 4 mm dicke Scheiben schneiden. Knoblauch schälen und durchpressen. Mit Honig, Öl, Ras-el-Hanout, Chilipulver, Zitronensaft, Orangenschale und reichlich Pfeffer gründlich verrühren. Fleisch damit mischen und zugedeckt im Kühlschrank ca. 4 Std. marinieren.

2 Das Fleisch nochmals durchrühren. Je ein Stück auf eine Fonduegabel stecken und im heißen Fett garen. Dazu schmeckt ein Apfel-Relish (siehe S. 55) oder eine scharfe Orangen-Aioli (siehe S. 56).

RANCH-RINDFLEISCHFONDUE

1 kg Rinderfilet | 3 Knoblauchzehen | ½ Bund Koriandergrün | 1 EL bunte Pfefferkörner | 2 TL gemahlener Kreuzkümmel | 2 EL getrockneter Oregano | 6 EL hoch erhitzbares neutrales Öl | Fett oder Öl für den Fonduetopf

Steakhouse-Fondue

Für 4 Personen | 20 Min. Zubereitung | 4 Std. Marinieren
Pro Portion ca. 315 kcal, 35 g EW, 19 g F, 0 g KH

1 Das Fleisch in ca. 3 mm dicke Scheiben schneiden. Knoblauch schälen und durchpressen. Koriandergrün waschen und trocken schütteln, die Blätter abzupfen und fein hacken. Die Pfefferkörner im Mörser grob zerstoßen.

2 Knoblauch, Koriander und Pfeffer mit Kreuzkümmel, Oregano und Öl verrühren und mit dem Fleisch mischen. Das Fleisch zugedeckt im Kühlschrank ca. 4 Std. marinieren. Je ein Fleischstück auf eine Fonduegabel stecken und im heißen Fett garen. Dazu passt Chimichurri (siehe S. 56) oder eine Sellerie-Remoulade (siehe S. 54).

WILDFONDUE MIT ROSENKOHL UND LAUCH

Blasen auch Sie im Herbst zum Halali: Zartes Wildfleisch, das in kräftiger Brühe noch mehr Aroma bekommt, überzeugt garantiert nicht nur Waidmänner.

1,2 l Wildfond (aus dem Glas)
8 g getrocknete Steinpilze
7 Wacholderbeeren
5 Gewürznelken
1 Lorbeerblatt
4 Zweige Thymian
1 kleiner Zweig Rosmarin
1 Stück Bio-Orangenschale (ca. 3 cm)
3 EL trockener Sherry (nach Belieben)
800 g Hirsch- oder Rehfilet
500 g Rosenkohl
2 Stangen Lauch
Salz | Pfeffer

Für Feinschmecker

Für 4 Personen |
35 Min. Zubereitung |
Pro Portion ca. 305 kcal,
73 g EW, 8 g F, 6 g KH

1 Den Fond mit den getrockneten Pilzen in einen Topf geben. Die Wacholderbeeren anquetschen und mit Nelken und Lorbeerblatt dazugeben. Die Kräuter waschen und trocken schütteln. Den Fond einmal aufkochen, Kräuter, Orangenschale und nach Wunsch Sherry hinzufügen und alles zugedeckt bei schwacher Hitze ca. 30 Min. sanft köcheln lassen.

2 Inzwischen das Wildfleisch in mundgerechte, möglichst dünne Scheiben schneiden (siehe S. 7). Den Rosenkohl putzen, waschen und die Strünke kreuzförmig einschneiden. Den Lauch putzen, waschen und in ca. 1 ½ cm dicke Ringe schneiden. Beide Gemüse nacheinander in kochendem Salzwasser etwas mehr als bissfest garen. In ein Sieb abgießen, kalt abschrecken, trocken tupfen und mit dem Fleisch auf einer Platte anrichten.

3 Den Fond mit Salz und Pfeffer würzen, durch ein feines Sieb gießen und auffangen. Nochmals stark erhitzen und in den Fonduetopf füllen. Fleisch und Gemüse auf Fonduegabeln spießen und im heißen Fond durchgaren.

TIPP

Dazu reiche ich Preiselbeeren aus dem Glas oder einen schnell gemachten Preiselbeerdip: Dafür 200 g Schmand, 1 EL körnigen Dijonsenf, 2 EL Preiselbeeren (aus dem Glas) und nach Belieben 1 TL Cognac gründlich verrühren. Mit Salz, Pfeffer, 1–2 Spritzern Zitronensaft und der abgeriebenen Schale von ⅓ Bio-Orange würzen.

POLENTABÄLLCHEN-FONDUE

2 kleine Zweige Rosmarin | 4 Zweige Thymian | 1 Knoblauchzehe | 1 kleine rote Chilischote | 500 ml Gemüsebrühe | 200 g Instant-Polenta (Maisgrieß) | 100 g Greyerzer | 2 Eier | Salz | Pfeffer | Fett oder Öl für den Fonduetopf

Italienisch inspiriert

Für 4 Personen | 30 Min. Zubereitung | 1 Std. Kühlen
Pro Portion ca. 445 kcal, 15 g EW, 26 g F, 37 g KH

1 Rosmarin und Thymian waschen und trocken schütteln, die Nadeln bzw. Blättchen abzupfen und fein hacken. Den Knoblauch schälen. Chilischote längs halbieren, entkernen, waschen und in sehr kleine Würfel schneiden.

2 Die Brühe in einem Topf aufkochen, den Knoblauch dazupressen. Kräuter und Chili hinzufügen und alles bei mittlerer Hitze ca. 5 Min. köcheln lassen. Polenta unter ständigem Rühren einrieseln lassen. Unter Rühren ca. 1 Min. kochen, vom Herd nehmen und etwas abkühlen lassen.

3 Den Käse entrinden und fein reiben. Die Eier zur Polenta geben, salzen, pfeffern und alles mit einem Kochlöffel gut mischen. Den Käse gründlich unterrühren und die Masse ca. 1 Std. kühl stellen. Dann aus der Polentamasse mit den Händen etwa walnussgroße Bällchen formen (falls der Teig leicht klebrig ist, etwas Polenta in die Handflächen geben). Die Bällchen auf einer Platte anrichten und bis zum Servieren mit Frischhaltefolie abdecken. Je ein Bällchen aufspießen oder in ein Garkörbchen legen und im sehr heißen Fett goldgelb ausbacken. Dazu passt ein Paprika-Nuss-Dip (siehe S. 58).

KÄSE-BIRNEN-FONDUE

200 g fester Brie | 300 g Mini-Mozzarella | 2 kleine Birnen (z. B. Forelle) | 2 EL Zitronensaft | 3 Eier | Salz | Pfeffer | 180 g Semmelbrösel | 1 TL getrocknete Kräuter der Provence | 120 g Mehl | 300 g Preiselbeeren (aus dem Glas) | Fett oder Öl für den Fonduetopf

Fix vorbereitet

Für 4 Personen | 15 Min. Zubereitung
Pro Portion ca. 945 kcal, 38 g EW, 50 g F, 84 g KH

1 Den Brie in ca. 2 cm große Stücke schneiden. Den Mozzarella trocken tupfen. Die Birnen schälen, vierteln und vom Kerngehäuse befreien. Die Viertel längs in drei gleich dicke Spalten schneiden und sofort mit dem Zitronensaft beträufeln. Die Eier in einem tiefen Teller verquirlen, leicht salzen und pfeffern. Die Semmelbrösel in einem zweiten tiefen Teller mit den Kräutern der Provence, Salz und Pfeffer gründlich mischen. Das Mehl in einen weiteren tiefen Teller geben.

2 Je ein Stück Käse oder Birne auf eine Fonduegabel spießen, zuerst im Mehl wenden, dann durch die verquirlten Eier ziehen und zuletzt in den Semmelbröseln wenden, diese mit den Fingern gut festdrücken. Den Brie nochmals durch Eier und Brösel ziehen. Im heißen Fett goldgelb ausbacken und mit Preiselbeeren genießen.

TIPP

Eine würzige Alternative zu Mozzarella und Brie ist Halloumi. Der würzige Kuh- oder Schafsmilchkäse aus Zypern bleibt auch beim Frittieren schön in Form und wird außen herrlich knusprig.

HERBSTLICHES GEMÜSEFONDUE

Wollen Sie alte Gemüsesorten mal ganz neu erleben? Bitte sehr! Mit raffiniert gewürztem Teig ummantelt, eignen sie sich auch bestens für Fondue.

Für das Gemüse:
200 g Pastinaken
200 g Möhren
200 g Topinambur
200 g Steckrübe
200 g Rosenkohl
Saft von ½ Zitrone
Salz | Pfeffer
Für den Teig:
3 EL Butter
2 Eier
½ TL Kümmelsamen
300 g Mehl
¼ TL Kurkumapulver
Salz | Pfeffer
frisch geriebene Muskatnuss
300 ml helles Bier (z. B. Pils)
Fett oder Öl für den Fonduetopf

Feine Mischung

Für 4 Personen |
35 Min. Zubereitung |
30 Min. Ruhen
Pro Portion ca. 570 kcal,
16 g EW, 23 g F, 66 g KH

1 Das Gemüse putzen, waschen bzw. schälen. Pastinaken (dicke Knollen evtl. zuerst längs halbieren oder vierteln), Möhren und Topinambur in ca. 3 mm dicke Scheiben schneiden. Den Topinambur sofort in ein Schälchen mit Wasser und Zitronensaft legen, damit er nicht braun wird. Steckrübe in ca. 3 mm dicke, mundgerechte Stücke schneiden (Bild 1), Rosenkohl längs halbieren.

2 Gemüse nach Sorten getrennt nacheinander in kochendem Salzwasser in 3–5 Min. bissfest garen. Mit einem Schaumlöffel herausheben, kalt abschrecken und abtropfen lassen. Dann trocken tupfen und auf einer Platte anrichten.

3 Für den Teig die Butter zerlassen und die Eier trennen. Kümmel mit einem großen Messer hacken und mit Mehl, Kurkuma, 1½ TL Salz, reichlich Pfeffer und Muskatnuss mischen. Das Bier nach und nach dazugießen und alles mit dem Schneebesen glatt rühren (Bild 2). Eigelbe und flüssige Butter unterrühren und den Teig ca. 30 Min. quellen lassen.

4 Dann die Eiweiße mit 1 Prise Salz mit den Schneebesen des Handrührgeräts steif schlagen und unter den Biertig heben. Je 2–3 Gemüsestücke auf eine Fonduegabel spießen, durch den Teig ziehen, abtropfen lassen (Bild 3) und im heißen Fett ausbacken. Salzen und pfeffern. Dazu passt eine Sellerie-Remoulade (siehe S. 54) oder ein Meerrettich-Kräuter-Dip (siehe S. 57).

TIPP Das Gemüse können Sie nach Lust und Laune variieren. Ich frittiere auch gerne mal Brokkoliröschen, Lauchringe oder Schwarzwurzelstücke, die man etwas länger vorgaren muss.

MIT FETT UND BRÜHE

INDISCHES GEMÜSEFONDUE

400 g Kichererbsenmehl | je ¾ TL Chili- und Kurkumapulver | knapp 1½ TL gemahlener Kreuzkümmel | Salz | Pfeffer | 1 Aubergine (ca. 250 g) | 1 Zucchino (ca. 150 g) | 1 rote Paprikaschote | 1 Gemüsezwiebel | 150 g Paneer (ind. Frischkäse aus dem Bio- oder Asienladen) | Fett oder Öl für den Fonduetopf

Knusperspaß à la Bollywood

Für 4 Personen | 30 Min. Zubereitung | 30 Min. Ruhen
Pro Portion ca. 665 kcal, 33 g EW, 30 g F, 63 g KH

1 Das Kichererbsenmehl in einer Schüssel mit den Gewürzen sowie reichlich Salz und Pfeffer mischen. 300 – 350 ml Wasser nach und nach mit dem Schneebesen unterrühren, bis ein fester, eher zäher Teig entstanden ist. Den Teig zugedeckt ca. 30 Min. quellen lassen.

2 Inzwischen das Gemüse putzen und waschen. Aubergine längs halbieren und in ca. 5 mm dicke, Zucchino in 4 mm dicke Scheiben schneiden. Paprika in mundgerechte Stücke schneiden. Zwiebel schälen und längs achteln, die Achtel quer halbieren und die Stücke auseinanderzupfen. Paneer in ca. 1 cm große Würfel schneiden.

3 Den Teig durchrühren, falls er zu fest ist, etwas Wasser unterrühren. Gemüse- und Käsestücke auf eine Fonduegabel spießen, durch den Teig ziehen und im heißen Fett goldgelb ausbacken.

TIPP

Als Dip zum indischen Fondue verrühre ich 400 g Joghurt mit 1 kleinen durchgepressten Knoblauchzehe, 3 EL gehacktem Koriandergrün, 2 EL gehackter Minze, ¾ TL gemahlenem Kreuzkümmel, Salz und Pfeffer.

GEMÜSE-TEMPURA

1 dünner Zucchino | 12 Shiitakepilze | 1 große längliche Süßkartoffel | 6 Frühlingszwiebeln | 1 Ei | 125 g Tempuramehl (aus dem Asienladen) | Sojasauce zum Stippen | Fett oder Öl für den Fonduetopf

Klassiker aus Japan

Für 4 Personen | 25 Min. Zubereitung
Pro Portion ca. 330 kcal, 9 g EW, 12 g F, 46 g KH

1 Den Zucchino putzen, waschen und in ca. 3 mm dünne Scheiben schneiden. Die Pilze putzen, die Stiele entfernen und wegwerfen, die Hüte halbieren. Die Süßkartoffel schälen und in ca. 3 mm dünne Scheiben schneiden (sollte sie sehr dick sein, vorher längs halbieren). Die Frühlingszwiebeln putzen und waschen, welke Blätter entfernen, den weißen und hellgrünen Teil in ca. 3 cm lange Stücke schneiden.

2 Das Ei und 250 ml eiskaltes Wasser mit dem Schneebesen verquirlen, dann das Mehl nach und nach zügig unterrühren. Den Teig bis zur Verwendung zugedeckt kühl stellen. Die Sojasauce zum Stippen in einem Schälchen bereitstellen.

3 Den Teig durchrühren. Je ein Gemüsestück auf eine Fonduegabel spießen, durch den Teig ziehen, abtropfen lassen und im heißen Fett goldgelb und knusprig ausbacken.

TIPP

Auch Auberginen, Paprika, Zuckerschoten oder dünner grüner Spargel eignen sich für Tempura. Und wenn es nicht vegetarisch sein muss: In Japan gibt's auch Tempura-Garnelen.

ASIATISCHER FEUERTOPF

Kennen Sie noch den Mongolentopf? Nein? Kein Problem! Dieses chinesische Brühefondue gelingt in jedem Topf und begeistert immer aufs Neue!

1,2 l Rinderbrühe oder -fond (aus dem Glas)
2 Stangen Lauch
1 Stück Ingwer (ca. 6 cm)
6 Gewürznelken
3 Sternanis
1 TL schwarze Pfefferkörner
2–3 EL Sojasauce
800 g Rinderfilet
500 g Blattspinat
Salz
250 g Shiitakepilze

Wärmt von innen

Für 4–6 Personen | 15 Min. Zubereitung | 30 Min. Ziehen
Pro Portion (bei 6 Personen) ca. 215 kcal, 33 g EW, 6 g F, 6 g KH

1 Brühe oder Fond in einen Topf geben. Lauch putzen, waschen, die lockeren Blätter abschneiden und in den Topf geben, den festen Teil in ca. 1 cm dicke Ringe schneiden und beiseitelegen. Den Ingwer schälen, in Scheiben schneiden und mit den Gewürzen in die Brühe geben. Die Brühe aufkochen, dann bei schwacher Hitze ca. 30 Min. ziehen lassen. Mit Sojasauce abschmecken.

2 Inzwischen das Filet in sehr dünne Scheiben schneiden (siehe S. 7). Spinat verlesen und waschen. Lauchringe in kochendem Salzwasser in 2–3 Min. bissfest garen. In ein Sieb abgießen, kalt abschrecken und abtropfen lassen, dabei das Kochwasser auffangen. Das Kochwasser wieder aufkochen und den Spinat darin zusammenfallen lassen. In ein Sieb abgießen, kalt abschrecken und abtropfen lassen. Mit den Händen gut ausdrücken und zu walnussgroßen Bällchen formen.

3 Die Pilze putzen, die Stiele entfernen und wegwerfen, die Hüte in ca. 1 cm dicke Streifen schneiden. Fleisch und Gemüse auf einer Platte anrichten und bis zum Servieren evtl. mit Frischhaltefolie abdecken. Die Brühe stark erhitzen und in den Fondue- oder Feuertopf füllen. Das Fleisch auf Gabeln spießen oder mit dem Gemüse in Garsiebe geben und in der heißen Brühe garen.

TIPP Für ein vegetarisches Fondue verwenden Sie anstelle von Fleischbrühe einfach Gemüsebrühe oder -fond. Als Einlage eignen sich neben Pilzen, Lauch und Spinat auch Pak Choi, grüner Spargel (in Stücke geschnitten), blanchierte Zuckerschoten und in grobe Würfel geschnittener Tofu.

WAN-TANS MIT HACKFÜLLUNG

Die Chinesen lieben ihre Wan-Tans mit immer wieder anderen Füllungen.
Bei ihnen wandern sie bevorzugt in die Suppe, bei mir in den Fonduetopf.

24 TK-Wan-Tan-Teigblätter
(aus dem Asienladen)
3 Frühlingszwiebeln
1 Stück Ingwer (ca. 3 cm)
200 g gemischtes Hackfleisch
1 EL Sojasauce
1 EL halbtrockener Sherry
(nach Belieben)
1 EL Chilisauce
1 EL gehacktes Koriandergrün
Salz | Pfeffer
1 EL Speisestärke
Rinder- oder Gemüsebrühe
für den Fonduetopf

Die haben's in sich

Für 4 – 6 Personen |
30 Min. Zubereitung |
30 Min. Ruhen
Pro Portion (bei 6 Personen)
ca. 360 kcal, 21 g EW,
7 g F, 58 g KH

1 Die Teigblätter auftauen lassen. Frühlingszwiebeln putzen und waschen, welke Blätter entfernen. Den weißen Teil längs in Streifen und diese in winzige Stückchen schneiden. Den grünen Teil in feine Ringe schneiden. Ingwer schälen und klein würfeln. Beides mit dem Hackfleisch mischen. Sojasauce, nach Wunsch Sherry, Chilisauce und Koriander untermischen, salzen und pfeffern. Die Stärke untermischen und die Masse ca. 30 Min. ruhen lassen.

2 Dann aus der Hackmasse 24 Bällchen formen. Je ein aufgetautes Teigblatt mit einem Finger rundherum mit Wasser einstreichen. Je ein Fleischbällchen daraufgeben, das Teigblatt diagonal darüberlegen und an den Rändern fest andrücken (Bild 1). Die langen Enden des Dreiecks nach innen übereinander einschlagen (dabei mit Wasser bestreichen) und fest andrücken (Bild 2). Die obere Spitze nach hinten klappen, mit Wasser benetzen und ebenfalls fest drücken (Bild 3).

3 Auf diese Weise alle Wan-Tans zubereiten, auf einer Platte anrichten und mit einem feuchten Küchentuch abdecken. Die Brühe stark erhitzen und in den Fonduetopf füllen, die Wan-Tans darin je 4 – 5 Min. garen. Dazu passt eine Pflaumensauce (siehe S. 57).

TIPP Für eine vegetarische Füllung je 150 g Möhren- und Lauchstreifen, 1 gehackte Knoblauchzehe und 1 EL gehackten Ingwer in etwas Öl andünsten. 150 g gewürfelte Shiitakepilze dazugeben, mit 1 TL Zucker, 2 EL Soja- und 1 EL Chilisauce würzen. Etwa 2 Min. dünsten, salzen, pfeffern, abkühlen lassen. 200 g zerkrümelten Tofu und 2 klein geschnittene Frühlingszwiebeln untermischen, mit Sojasauce abschmecken.

MIT FETT UND BRÜHE 37

MEDITERRANES FISCHFONDUE

Fisch will schwimmen! Am besten in einer fein gewürzten Brühe, die an französische Fischsuppe, eine leichte Brise und südliche Sonne erinnert.

1 große Zwiebel
2 Knoblauchzehen
1 kleine Fenchelknolle
2 EL Olivenöl
1 EL Tomatenmark
150 ml Pernod (frz. Anisaperitif, ersatzweise Fischfond mit ½ TL Fenchelsamen)
1,2 l Fischfond (aus dem Glas)
2 Zweige Thymian
1 Lorbeerblatt
1 Döschen Safranfäden (0,1 g)
800 g Fischfilet (z. B. Lachs, Rotbarsch, Seelachs)
250 g kleine geschälte küchenfertige Garnelen
Saft von ½ Zitrone
Salz | Pfeffer

Edles für Gäste

Für 4 Personen | 25 Min. Zubereitung | 45 Min. Köcheln
Pro Portion ca. 610 kcal, 50 g EW, 34 g F, 2 g KH

1 Zwiebel und Knoblauch schälen, die Zwiebel grob würfeln, den Knoblauch in Scheiben schneiden. Den Fenchel putzen und waschen, das Grün entfernen und die Knolle in grobe Stücke schneiden. Das Öl in einem Suppentopf erhitzen, Zwiebel und Knoblauch darin andünsten. Fenchelstücke dazugeben und unter Rühren braten, bis der Fenchel ganz leicht zu bräunen beginnt. Tomatenmark hinzufügen und unter Rühren ca. 1 Min. anrösten. Mit ca. 100 ml Pernod ablöschen, dann alles bei starker Hitze einkochen lassen, bis die Flüssigkeit fast verdunstet ist.

2 Den übrigen Pernod und den Fond dazugießen. Thymian, Lorbeer und Safran dazugeben und den Fond bei schwacher Hitze ca. 45 Min. ganz leicht köcheln lassen. Inzwischen den Fisch und die Garnelen kalt abbrausen und mit Küchenpapier gut trocken tupfen. Den Fisch in mundgerechte Würfel schneiden, mit Zitronensaft mischen und mit den Garnelen auf einer Platte anrichten.

3 Die Brühe mit Salz und Pfeffer würzen, danach durch ein feines Sieb in einen Topf gießen. Das Gemüse im Sieb mit den Händen gut ausdrücken. Die Brühe nochmals stark erhitzen und in den Fonduetopf füllen. Fisch und Garnelen auf Fonduegabeln spießen oder in Garsiebe geben und in der heißen Brühe garen. Dazu passt eine scharfe Orangen-Aioli (siehe S. 56) oder ein Meerrettich-Kräuter-Dip (siehe S. 57).

JAPANISCHES FONDUE MIT SESAMDIP

Sukiyaki oder Shabu Shabu sind die bekanntesten japanischen Fondue-Varianten. Ich habe beide kombiniert und mit raffinierten Gewürzen aufgepeppt.

Für das Fondue:
1,2 l Rinderbrühe oder -fond (aus dem Glas)
1 EL Zucker | 2 EL Sojasauce
2 EL Mirin (jap. Kochwein, ersatzweise halbtrockener Sherry)
1 rote Chilischote
1 Sternanis
500 g Rinderfilet oder -lende (schön durchwachsen)
250 g fester Seidentofu
1 kleiner Chinakohl
200 g Shiitakepilze
250 Sojasprossen

Für den Dip:
4 EL Tahin (Sesampaste)
2 TL Zucker | 3 EL Sojasauce
2 EL milder Reisessig (ersatzweise milder Weißweinessig)
ca. 100 ml Hühnerbrühe

Highlight für Asia-Fans

Für 4 Personen |
25 Min. Zubereitung |
30 Min. Garen
Pro Portion ca. 370 kcal,
39 g EW, 16 g F, 14 g KH

1 Für das Fondue Brühe oder Fond mit Zucker, Sojasauce und Mirin in einen Topf geben. Die Chilischote längs halbieren, entkernen und waschen, mit dem Sternanis in die Brühe geben. Die Brühe einmal aufkochen, dann bei schwacher Hitze zugedeckt ca. 30 Min. köcheln lassen.

2 Inzwischen das Fleisch in sehr dünne Scheiben schneiden (siehe S. 7). Tofu trocken tupfen und in kleine Würfel schneiden. Den Chinakohl längs halbieren, putzen, waschen und quer in ca. 2 cm breite Streifen schneiden. Die Pilze putzen, die Stiele entfernen und wegwerfen, die Hüte halbieren (kleine Hüte ganz lassen). Die Sojasprossen kalt abbrausen und abtropfen lassen.

3 Für den Dip die Sesampaste mit Zucker, Sojasauce und Essig verrühren. Nach und nach so viel Brühe dazugießen und unterrühren, dass eine cremige, eher flüssige Sauce entsteht.

4 Chilischote und Sternanis aus der Brühe fischen. Die Brühe nochmals stark erhitzen und in den Fonduetopf füllen. Fleisch und Gemüse auf Fonduegabeln spießen oder – noch besser – mit dem Tofu und den Sprossen in Garsiebe geben und in der heißen Brühe garen. Mit dem Dip servieren.

TIPP

In Japan gibt man am Ende des Fondues gerne noch Nudeln in die Brühe und genießt die würzige Suppe als krönenden Abschluss. Ich serviere die Brühe meist am nächsten Tag als Suppe mit Udon- oder Ramen-Nudeln aus dem Asienladen. Ein paar Frühlingszwiebelringe dazu, fertig!

VIETNAMESISCHES FONDUE

Bei diesem Fondue dürfen die Gäste nicht nur selbst kochen, sondern auch noch fein gefüllte Rollen aus Reispapier oder Salatblättern herstellen.

Für die Brühe:
250 g Schalotten
Öl zum Braten
5 Stängel Zitronengras
1 Stück Ingwer (ca. 5 cm)
800 ml Rinderbrühe oder -fond (aus dem Glas)
400 ml Kokoswasser (aus dem Bio- oder Asienladen)
150 ml milder Reisessig
½ – 1 TL Zucker

Für das Fondue:
500 g Rindfleisch (z. B. Entrecote)
250 g küchenfertige Tintenfischtuben
8 küchenfertige rohe Garnelen
125 g Reisnudeln
1 kleiner weißer Rettich
2 Möhren
1 kleine Salatgurke
¼ Ananas
1 kleiner Kopfsalat
4 Frühlingszwiebeln
je 4 – 5 Stiele Koriandergrün, Minze und Shisoblätter (aus dem Asienladen)
16 – 20 runde Reispapierblätter (à ca. 16 cm ⌀)

Geselliges Roll(en)spiel

Für 4 Personen | 40 Min. Zubereitung | 30 Min. Garen
Pro Portion ca. 765 kcal, 71 g EW, 19 g F, 76 g KH

1 Für die Brühe die Schalotten schälen, längs halbieren und in Streifen schneiden. In einem Topf reichlich Öl erhitzen, die Schalotten darin bei mittlerer Hitze dunkelbraun braten und vom Herd nehmen. Vom Zitronengras den oberen Teil und den Strunk abschneiden, den Rest mit einem Stößel oder schweren Messerrücken anquetschen. Ingwer schälen und in Scheiben schneiden. Beides mit Brühe oder Fond, Kokoswasser und Essig in einem Topf aufkochen. Die Schalotten dazugeben, alles bei schwacher Hitze ca. 30 Min. köcheln lassen. Mit Zucker abschmecken.

2 Inzwischen für das Fondue das Fleisch in sehr dünne Scheiben schneiden (siehe S. 7). Tintenfische und Garnelen kalt abbrausen und trocken tupfen, Tintenfische in dünne Ringe schneiden. Die Nudeln nach Packungsanweisung einweichen bzw. garen und in einem Sieb abtropfen lassen.

3 Rettich, Möhren und Gurke schälen, Rettich und Möhren in feine Stifte raspeln, Gurke längs halbieren und in dünne Scheiben schneiden. Ananas schälen, den Strunk herausschneiden und das Fruchtfleisch klein würfeln. Kopfsalat in Blätter teilen, waschen und trocken tupfen. Frühlingszwiebeln putzen, waschen und mit dem Grün in feine Ringe schneiden. Kräuter waschen und trocken schütteln, die Blätter abzupfen und klein zupfen. Alles auf einer Platte mit den Reisnudeln anrichten.

4 Brühe wieder aufkochen und durch ein Sieb in den Fonduetopf gießen. Fleisch, Garnelen oder Tintenfischringe auf Fonduegabeln spießen und in der Brühe garen. Je ein Reisblatt kurz in heißem Wasser einweichen und auf ein Küchentuch legen. Nach Wunsch mit Gemüse, Ananas, Reisnudeln und reichlich Kräutern belegen, gegartes Fleisch oder Meeresfrüchte daraufgeben und aufrollen. Oder ein Salatblatt belegen und aufrollen.

TIPP

Dazu serviere ich einen Dip aus 5 EL Fischsauce, 3 EL Reisessig, 180 ml Wasser, 1 EL braunem Zucker, 2 – 3 EL Limettensaft und 1 gehackten kleinen Chilischote.

THAI-FONDUE

Hier kommt garantiert Urlaubsstimmung auf! Dieses aromatische Fondue schmeckt uns auch an milden Sommerabenden auf Balkon oder Terrasse.

1,2 l Hühnerbrühe oder -fond (aus dem Glas)
1 Stück Galgant (ca. 5 cm, siehe Tipp; ersatzweise Ingwer)
1–2 kleine rote Chilischoten
10 Kaffir-Limettenblätter (aus dem Asienladen)
1 kg Hähnchen- oder Putenbrustfilet
250 g Baby-Maiskolben
250 g Zuckerschoten
Salz
2–3 EL Fischsauce (aus dem Asienladen)
1 TL brauner Zucker
2–3 EL Limettensaft

Herrlich scharf

Für 4 Personen |
25 Min. Zubereitung
Pro Portion ca. 450 kcal,
59 g EW, 16 g F, 16 g KH

1 Brühe oder Fond in einen Topf geben. Galgant dünn schälen und in Scheiben schneiden. Chilischoten längs halbieren, entkernen und waschen. Beides in die Brühe geben und aufkochen lassen. Limettenblätter waschen und dazugeben. Alles zugedeckt bei schwacher Hitze ca. 20 Min. leicht köcheln lassen.

2 Inzwischen das Hähnchen- oder Putenfleisch kalt abbrausen, trocken tupfen und in dünne Scheiben schneiden (siehe S. 7). Die Maiskölbchen waschen und schräg halbieren, Zuckerschoten putzen und waschen. Gemüse nacheinander in kochendem Salzwasser bissfest garen, in ein Sieb abgießen, kalt abschrecken und gut abtropfen lassen.

3 Die Brühe durch ein Sieb in einen Topf füllen und aufkochen. Mit Fischsauce, Zucker und Limettensaft abschmecken und in den Fonduetopf gießen. Fleisch und Gemüse jeweils einzeln oder zusammen auf Fonduegabeln spießen und in der heißen Brühe garen. Dazu schmeckt ein scharfer Erdnussdip (siehe S. 59).

TIPP

Galgant erinnert in Aussehen und Aroma an Ingwer, allerdings schmeckt er frischer und etwas milder. Sie bekommen die Wurzel im Asienladen. Übrigens: Die feine Thai-Brühe eignet sich auch für ein Fisch- und Meeresfrüchtefondue – dann bereitet man sie am besten mit Fischfond zu.

BEILAGEN UND SAUCEN

Zum mächtigen Käsefondue braucht es in der Tat kaum etwas dazu, aber ein frischer Salat passt immer! Raffinierte Salate, feine Beilagen, Saucen und Dips sind der Clou beim Fett- und Brühefondue. Sie lassen sich in Ruhe vorbereiten und bringen zusätzlich spannende Aromen ins Spiel!

COUSCOUS-SALAT MIT GRANATAPFEL

250 g Instant-Couscous | Salz | 8 EL Olivenöl | 1 Granatapfel | 1 Orange | 1 großes Bund Petersilie | 1 Bund Rucola | 2 Zitronen | 1 EL Ras-el-Hanout (arab. Gewürzmischung) | Pfeffer

Frisch und fruchtig

Für 4–6 Personen | 35 Min. Zubereitung | 1 Std. Ziehen
Pro Portion (bei 6 Personen) ca. 320 kcal, 6 g EW, 14 g F, 42 g KH

1 Couscous in Salzwasser nach Packungsanweisung zubereiten, gegen Garzeitende 2 EL Öl unterrühren. Mit einer Gabel auflockern, ca. 5 Min. zugedeckt quellen, dann auskühlen lassen.

2 Inzwischen den Granatapfel aufbrechen (dafür am Stielende einen Keil einschneiden und herausheben, in das Loch greifen und den Granatapfel auseinanderbrechen). Die Kerne herauslösen und beiseitestellen. Die Orange so gründlich schälen, dass auch die weiße Haut mit entfernt wird. Die Fruchtfilets herauslösen und in Stücke schneiden, dabei den austretenden Saft auffangen.

3 Die Petersilie und den Rucola waschen und trocken schütteln, grobe Stiele entfernen, den Rest grob zerschneiden. Für das Dressing die Zitronen auspressen und den Saft mit Orangensaft, Ras-el-Hanout, Salz, Pfeffer und übrigem Öl verquirlen. Couscous, Orangen, Rucola und Petersilie in eine Schüssel geben. Das Dressing hinzufügen, alles gründlich mischen und ca. 1 Std. ziehen lassen. Vor dem Servieren die Granatapfelkerne unterheben und den Salat evtl. mit Salz, Pfeffer und Zitronensaft abschmecken.

ASIATISCHER KOHLSALAT

Je 300 g Rot- und Weißkohl | Salz | 3 dicke Möhren | 1 Bund Frühlingszwiebeln | 1 Knoblauchzehe | 1 Stück Ingwer (ca. 2 cm) | 1 Limette | 2 EL süße Chilisauce (für Hühnergerichte, aus dem Asienladen) | 2 – 3 EL Sojasauce | 2 EL geröstetes Sesamöl | 8 EL Soja- oder Sonnenblumenöl | 3 EL geröstete, gesalzene Erdnüsse

Knackig und bunt

Für 4 – 6 Personen | 15 Min. Zubereitung | 30 Min. Ziehen
Pro Portion (bei 6 Personen) ca. 240 kcal, 5 g EW, 20 g F, 10 g KH

1 Beide Kohlsorten putzen, waschen, getrennt in feine Streifen schneiden und jeweils in eine Schüssel geben. Die Kohlstreifen salzen und mit den Händen kräftig durchkneten, bis sie glasig werden. Dann ca. 15 Min. ziehen lassen.

2 Inzwischen die Möhren schälen und in feine Streifen (Julienne) raspeln. Frühlingszwiebeln putzen, waschen und mit dem zarten Grün schräg in Ringe schneiden.

3 Für das Dressing Knoblauch und Ingwer schälen und sehr klein würfeln. Die Limette auspressen, den Saft mit Chili- und Sojasauce, Ingwer, Knoblauch und beiden Ölen kräftig verrühren. Beide Kohlsorten, Möhren, Frühlingszwiebeln und das Dressing in eine Schüssel geben. Alle Zutaten gut mischen und ca. 15 Min. ziehen lassen. Die Erdnüsse grob hacken. 2 EL gehackte Nüsse kurz vor dem Servieren unter den Kohlsalat mischen, die restlichen darüberstreuen.

BUNTER WINTERSALAT

Diese Mischung aus knackigen Wintersalaten ist mein Favorit zu einem üppigen Käsefondue. Aber eigentlich ist er ein Salat für alle Fälle – siehe Tipp!

Für das Dressing:
2 kleine Schalotten
1 kleines Bund Schnittlauch
5 EL Sherryessig
2 ½ EL körniger Dijonsenf
125 ml Gemüsebrühe
1 EL Zucker
4 EL Sonnenblumenöl
2 EL Kürbiskernöl (ersatzweise Sonnenblumenöl)
Salz | Pfeffer

Für den Salat:
½ Endiviensalat
1 kleiner Radicchio
1 Chicorée
100 g Feldsalat
2 dicke Möhren
1 rotschaliger Apfel (z. B. Idared)
je 2 EL Sonnenblumen- und Kürbiskerne

Vitaminreicher Allrounder

Für 4–6 Personen |
20 Min. Zubereitung
Pro Portion (bei 6 Personen)
ca. 185 kcal, 3 g EW,
14 g F, 11 g KH

1 Für das Dressing die Schalotten schälen und klein würfeln. Schnittlauch waschen, trocken schütteln und in Röllchen schneiden. Essig und Senf verrühren, dann Brühe und Zucker unterrühren. Anschließend beide Öle esslöffelweise dazugeben und mit einem kleinen Schneebesen unterschlagen. Mit Salz und Pfeffer würzen. Schnittlauch und Schalotten unterrühren und das Dressing ziehen lassen, bis die anderen Zutaten vorbereitet sind.

2 Inzwischen für den Salat alle Salate putzen, waschen und (bis auf den Feldsalat) in einzelne Blätter teilen. Endivien und Chicorée in breite, Radicchio in feine Streifen schneiden. Die Möhren schälen und grob raspeln. Den Apfel waschen, vierteln und das Kerngehäuse entfernen, die Viertel in feine Spalten schneiden.

3 Alle Zutaten in einer Schüssel mischen. Sonnenblumen- und Kürbiskerne in einer Pfanne ohne Fett rösten, bis sie leicht gebräunt sind und duften. Kurz abkühlen lassen. Das Dressing mit dem Salat mischen, die gerösteten Kerne darüberstreuen und den Salat sofort servieren.

TIPP

Wenn ich diesen Salat zu Fleischfondue serviere, bereite ich ein cremigeres Dressing mit etwas Käse zu: Dafür einfach 180 ml Milch mit 80 g Schmand, 2 EL Mayonnaise und 40 g geriebenem Parmesan in einen hohen Rührbecher geben und mit dem Pürierstab kräftig mixen. Mit Salz und Pfeffer würzen und 2 EL Schnittlauchröllchen unterrühren.

SAFRANSCHALOTTEN

1 Döschen Safranfäden (0,1 g) | 500 g kleine Schalotten | 3 EL Zucker | 150 ml trockener Sherry | 1 Lorbeerblatt | 1–2 EL Sherryessig | Salz

Gästefein

Für 4–6 Personen | 15 Min. Zubereitung | 35 Min. Garen
Pro Portion (bei 6 Personen) ca. 85 kcal, 51 g EW, 0 g F, 16 g KH

1 Die Safranfäden mit 2 EL heißem Wasser verrühren. Die Schalotten mit kochendem Wasser übergießen und ca. 5 Min. ziehen lassen. Dann kalt abschrecken und die Schale abziehen.

2 Den Zucker in einem Topf hellbraun karamellisieren. Sherry, 200 ml Wasser, aufgelöste Safranfäden und Lorbeerblatt dazugeben und aufkochen, bis sich der Zucker aufgelöst hat. Die Schalotten dazugeben und bei mittlerer Hitze 30–35 Min. garen, bis die Flüssigkeit sirupartig eingekocht ist. Zum Schluss mit Essig und Salz würzen. Die Schalotten im Sud auskühlen lassen.

MÖHREN-PASTINAKEN-ANTIPASTI

Je 400 g dicke Möhren und Pastinaken | 1 Knoblauchzehe | 5 Zweige Thymian | 1 rote Chilischote | Öl zum Braten | Salz | Pfeffer | ½ TL gemahlener Kreuzkümmel | Saft von 2 Orangen | 150 ml Gemüsebrühe | 2 EL Weißweinessig

Wintervariante des Klassikers

Für 4–6 Personen | 25 Min. Zubereitung | 2 Std. Ziehen
Pro Portion (bei 6 Personen) ca. 75 kcal, 1 g EW, 3 g F, 10 g KH

1 Gemüse putzen und schälen, in 4–5 cm lange Stücke und diese in ca. 1 ½ cm dicke Stifte schneiden. Knoblauch schälen, in Scheiben schneiden. Thymian waschen, Blätter hacken. Chili längs halbieren, entkernen, waschen und fein hacken.

2 Öl in einer Pfanne erhitzen, Gemüse, Knoblauch und Chili darin 2–3 Min. anbraten, mit Salz, Pfeffer und Kreuzkümmel würzen. Mit Orangensaft und Brühe ablöschen, Thymian dazugeben. Bei mittlerer Hitze 8–10 Min. dünsten. Essig unterrühren, vom Herd nehmen und ca. 2 Std. ziehen lassen.

KOREANISCHER SPINAT

1 kg Spinat | 2 EL Sesamsamen | 1 Knoblauchzehe | 1 EL Sonnenblumenöl | Salz | Pfeffer | 2–3 EL geröstetes Sesamöl

Schnell gemacht

Für 4–6 Personen | 20 Min. Zubereitung
Pro Portion (bei 6 Personen) ca. 100 kcal,
5 g EW, 8 g F, 1 g KH

1 Spinat verlesen, gründlich waschen und gut abtropfen lassen. Sesamsamen in einer Pfanne ohne Fett rösten, bis sie duften und leicht knacken. Herausnehmen und abkühlen lassen. Den Knoblauch schälen und möglichst klein würfeln.

2 Das Sonnenblumenöl in einem großen Topf erhitzen und den Knoblauch darin andünsten. Den Spinat dazugeben, mit Salz und Pfeffer würzen und bei starker Hitze zusammenfallen lassen. In ein Sieb abgießen, mit den Händen ausdrücken und leicht auseinanderzupfen. Den Spinat mit dem Sesamöl würzen und evtl. nochmals mit Salz und Pfeffer abschmecken. Mit Sesam bestreuen.

ROTE-BETE-CARPACCIO

500 g gegarte Rote Bete (vakuumverpackt) | 1 grüner Apfel (z. B. Granny Smith) | 2 EL Zitronensaft | 200 g Schmand | ½–1 TL Wasabipaste (ersatzweise 1–2 EL Meerrettich aus dem Glas) | 1 Bund Schnittlauch | Salz | Pfeffer | Zucker | 2 EL Preiselbeeren (aus dem Glas)

Einfach, aber edel

Für 4–6 Personen | 20 Min. Zubereitung
Pro Portion (bei 6 Personen) ca. 125 kcal,
2 g EW, 8 g F, 10 g KH

1 Die Rote Bete in feine Scheiben hobeln. Den Apfel waschen, vierteln und entkernen. Die Viertel grob raspeln und sofort mit dem Zitronensaft beträufeln. Schmand und Wasabi mit dem Pürierstab mixen. Den Schnittlauch waschen, trocken schütteln und in Röllchen schneiden.

2 Schnittlauch (bis auf 1 EL) und Apfel unter den Schmand rühren. Mit Salz, Pfeffer und 2 Prisen Zucker würzen. Rote Bete auf einem Teller auslegen. Erst den Schmand, dann die Preiselbeeren daraufgeben, mit dem übrigen Schnittlauch bestreuen.

BEILAGEN UND SAUCEN

SELLERIE-REMOULADE

300 g Knollensellerie | Salz | 2 Eier | 1 frisches zimmerwarmes Eigelb | 1 TL Senf | 2–3 EL Zitronensaft | Zucker | 250 ml Sonnenblumenöl | 100 g Joghurt | Pfeffer | 1 großer rotschaliger Apfel (z. B. Hollsteiner Cox) | 1½ EL Kapern | 5 Frühlingszwiebeln | 1 kleines Bund Petersilie | ½ Bund Schnittlauch

Erfrischend würzig

Für 4–6 Personen | 25 Min. Zubereitung
Pro Portion (bei 6 Personen) ca. 445 kcal,
4 g EW, 45 g F, 5 g KH

1 Den Sellerie schälen, ca. 4 mm groß würfeln und in kochendem Salzwasser in 2–3 Min. bissfest garen. In ein Sieb abgießen, kalt abschrecken und gut abtropfen lassen. Die Eier in ca. 10 Min. hart kochen. Danach kalt abschrecken, abkühlen lassen und pellen.

2 Inzwischen das Eigelb mit Senf, 1 EL Zitronensaft und je 1 Prise Salz und Zucker in einen hohen Rührbecher geben. Das Öl daraufgießen und alles zu einer cremigen Mayonnaise pürieren, dabei den Pürierstab immer wieder von unten nach oben führen. Den Joghurt unterrühren, die Mayonnaise mit Salz und Pfeffer würzen.

3 Den Apfel waschen, vierteln und entkernen. Die Viertel in kleine Würfel schneiden und mit 1 EL Zitronensaft mischen. Eier und Kapern klein hacken. Die Frühlingszwiebeln putzen, waschen und mit dem Grün in Ringe schneiden. Die Kräuter waschen und trocken schütteln, die Petersilie grob hacken, Schnittlauch in Röllchen schneiden. Alle vorbereiteten Zutaten und den Sellerie unter die Mayonnaise mischen, mit Salz, Pfeffer, Zucker und evtl. Zitronensaft abschmecken.

APFEL-RELISH

80 g Zucker | 100 ml Apfelessig | 80 ml Apfelsaft | 2 Äpfel (z. B. Boskop, ca. 400 g) | 2 Stangen Staudensellerie | 1 rote Zwiebel | 1 Stück Ingwer (ca. 1 cm) | 1 rote Chilischote | ½ TL Korianderkörner | 1 TL Senfkörner | 2 EL Rosinen | 2 EL Salz | Pfeffer

Gut vorzubereiten

Für 4 – 6 Personen | 25 Min. Zubereitung | 1 Std. Garen | 1 Tag Ziehen
Pro Portion (bei 6 Personen) ca. 125 kcal, 1 g EW, 1 g F, 27 g KH

1 Zucker, Essig und Apfelsaft in einen Topf geben. Die Äpfel schälen, vierteln und entkernen. Die Viertel in ca. 5 mm große Würfel schneiden und sofort in die Essigmischung geben. Sellerie putzen und waschen, zuerst längs in schmale Streifen und diese in ca. 4 mm große Würfel schneiden.

2 Zwiebel und Ingwer schälen und klein würfeln. Die Chilischote längs halbieren, entkernen, waschen und in sehr kleine Würfel schneiden. Die Korianderkörner im Mörser grob zerdrücken und mit Senfkörnern, Sellerie, Zwiebel, Ingwer, Chili und Rosinen zu den Äpfeln geben.

3 Unter Rühren leicht aufkochen lassen, bis sich der Zucker vollständig aufgelöst hat. Offen bei mittlerer Hitze 45 – 60 Min. köcheln lassen, immer wieder rühren. Die Masse sollte marmeladig einkochen und das Essigaroma verlieren, evtl. gegen Garzeitende die Hitze erhöhen. Das Relish mit Salz und Pfeffer abschmecken, abkühlen und 1 Tag zugedeckt ziehen lassen. Hält gekühlt 2 – 3 Wochen.

BEILAGEN UND SAUCEN

CHIMICHURRI

2 Tomaten | 1 rote Zwiebel | 2 Knoblauchzehen | 1–2 rote Chilischoten | 1 Lorbeerblatt | 1 Bund Petersilie | 1 TL Pul biber (Paprikaflocken, aus dem türkischen Lebensmittelladen) | 1 TL gemahlener Kreuzkümmel | 3–4 EL Rotweinessig | 125 ml Olivenöl | Salz | Pfeffer

Feuriges aus Argentinien

Für 4–6 Personen | 15 Min. Zubereitung | 30 Min. Ziehen
Pro Portion (bei 6 Personen) ca. 195 kcal, 0 g EW, 21 g F, 1 g KH

1 Tomaten waschen, halbieren, entkernen und klein würfeln. Zwiebel und Knoblauch schälen und fein würfeln. Chilischoten längs halbieren, entkernen, waschen und klein schneiden. Das Lorbeerblatt fein hacken. Petersilie waschen und trocken schütteln, die Blätter abzupfen und grob hacken.

2 Pul biber und Kreuzkümmel mit dem Essig verrühren, das Öl kräftig unterschlagen. Die vorbereiteten Zutaten unterrühren, mit Salz und Pfeffer würzen. Das Chimichurri ca. 30 Min. ziehen lassen.

SCHARFE ORANGEN-AIOLI

2 Knoblauchzehen | 1 Scheibe Toastbrot | 2 EL Pernod (frz. Anisaperitif, nach Belieben) | Saft und Schale von ½ Bio-Orange | 2 frische zimmerwarme Eigelb | 200 ml Sonnenblumenöl | Salz | Pfeffer | 2 Msp. Chilipulver | 1–2 Spritzer Zitronensaft

Herrlich cremig

Für 4–6 Personen | 15 Min. Zubereitung
Pro Portion (bei 6 Personen) ca. 330 kcal, 1 g EW, 34 g F, 2 g KH

1 Den Knoblauch schälen und grob hacken. Das Toastbrot klein schneiden und in einen hohen Rührbecher geben. Pernod nach Wunsch und den Orangensaft hinzufügen. Den Knoblauch dazugeben und alles mit dem Pürierstab fein pürieren.

2 Orangenschale und Eigelbe dazugeben, dann das Öl daraufgießen. Alles zu einer cremigen Mayonnaise pürieren, dabei den Pürierstab immer wieder von unten nach oben führen. Aioli mit Salz, Pfeffer, Chili und Zitronensaft würzen.

MEERRETTICH-KRÄUTER-DIP

SÜSSSCHARFE PFLAUMENSAUCE

1 Stück frischer Meerrettich (ca. 60 g, ersatzweise 2 EL Meerrettich aus dem Glas) | 1 TL Zitronensaft | 200 g saure Sahne | 100 g Crème fraîche | 1 kleines Bund Schnittlauch | 1 Handvoll Kerbel | ½ Bund Dill | Salz | Pfeffer | Zucker | 2 Msp. edelsüßes Paprikapulver

300 g rote Pflaumen | 1 Stück Ingwer (ca. 1 cm) | 1 kleine rote Chilischote | 1 Schalotte | 2 EL Sonnenblumenöl | ½ Zimtstange | 2 Sternanis | Saft von 1 Orange | 2 EL flüssiger Honig | 2 EL Sojasauce | 3 EL halbtrockener Sherry (nach Belieben) | Salz | 1–2 Spritzer Zitronensaft

Kräuterfrischer Klassiker

Asia-Dip

Für 4–6 Personen | 15 Min. Zubereitung
Pro Portion (bei 6 Personen) ca. 140 kcal,
1 g EW, 13 g F, 3 g KH

Für 4–6 Personen | 15 Min. Zubereitung |
30 Min. Garen
Pro Portion (bei 6 Personen) ca. 95 kcal,
16 g EW, 3 g F, 14 g KH

1 Den Meerrettich schälen, fein reiben und sofort mit dem Zitronensaft mischen. Anschließend mit saurer Sahne und Crème fraîche glatt rühren.

2 Schnittlauch, Kerbel und Dill waschen und trocken schütteln. Schnittlauch in Röllchen schneiden, Kerbel und Dill fein hacken. Die Kräuter unter die Meerrettichcreme rühren. Mit Salz, Pfeffer, 1–2 Prisen Zucker und Paprikapulver würzen.

1 Pflaumen waschen, in Spalten schneiden und entsteinen. Ingwer schälen und klein würfeln, Chilischote längs halbieren, entkernen und waschen. Schalotte schälen, klein würfeln und im Öl andünsten. Pflaumen, Ingwer, Chilischote, Zimt, Sternanis, Orangensaft und Honig dazugeben und alles offen bei schwacher Hitze ca. 30 Min. köcheln lassen.

2 Zuletzt mit Sojasauce, nach Wunsch Sherry und Salz würzen. Abkühlen lassen und fein pürieren. Die Sauce mit Zitronensaft abschmecken.

PAPRIKA-NUSS-DIP

2 rote Paprikaschoten | 1 rote Chilischote | 1 rote Zwiebel | Knoblauchzehe | 4 Zweige Thymian | 3 EL Olivenöl | Salz | Pfeffer | 5 EL halbtrockener Sherry (ersatzweise Orangensaft) | 1 Scheibe Toastbrot | 25 g Walnusskerne | 2 EL gehackte Mandeln | 1–2 EL Sherryessig

Umwerfend gut

Für 4–6 Personen | 25 Min. Zubereitung
Pro Portion (bei 6 Personen) ca. 130 kcal, 27 g EW, 10 g F, 7 g KH

1 Die Paprikaschoten längs halbieren, putzen, waschen und in ca. 1 cm große Stücke schneiden. Chilischote längs halbieren, entkernen, waschen und möglichst fein würfeln. Zwiebel und Knoblauch schälen und ebenfalls fein würfeln. Den Thymian waschen und trocken schütteln, die Blättchen abzupfen und grob hacken.

2 Das Öl in einer Pfanne erhitzen. Paprika darin bei starker Hitze unter Rühren in 2–3 Min. leicht braun braten, salzen und pfeffern. Die Hitze reduzieren. Zwiebel, Knoblauch und Thymian in die Pfanne geben und bei mittlerer Hitze braten, bis die Zwiebel goldgelb ist. Mit Sherry ablöschen. Unter gelegentlichem Rühren 5–7 Min. weiterbraten, bis die Paprika gar sind, dabei ab und zu etwas Wasser hinzufügen (zuletzt sollte die Flüssigkeit aber vollständig verkocht sein). Abkühlen lassen.

3 Das Toastbrot goldbraun rösten und in Stücke schneiden. Die Walnüsse grob hacken. Das Paprikagemüse mit Toast, Walnüssen und Mandeln in einen Rührbecher geben und nicht zu fein pürieren. Mit Salz, Pfeffer und Essig würzen.

SCHARFER ERDNUSSDIP

3 Schalotten | 2 Knoblauchzehen | 2 EL Erdnussöl | 100 ml kräftige Gemüsebrühe | 3 EL Erdnussbutter (Crunchy) | 150 ml Kokosmilch (aus der Dose) | 2 EL Sojasauce | 1 TL Sambal oelek | ½ TL Zucker | Salz | Pfeffer | 1–2 EL Limettensaft

Exotisch

Für 4–6 Personen | 25 Min. Zubereitung
Pro Portion (bei 6 Personen) ca. 145 kcal, 4 g EW, 13 g F, 4 g KH

1 Schalotten und Knoblauch schälen und in möglichst kleine Würfel schneiden. Das Öl in einem Topf erhitzen, Schalotten und Knoblauch darin glasig andünsten. Mit der Brühe ablöschen und die Brühe bei starker Hitze fast vollständig einkochen lassen. Dann die Erdnussbutter und die Hälfte der Kokosmilch mit dem Schneebesen unterrühren.

2 Anschließend restliche Kokosmilch, Sojasauce, Sambal oelek und Zucker unterrühren. Bei schwacher Hitze unter gelegentlichem Rühren 3–5 Min. köcheln lassen. Mit Salz, Pfeffer und 1 EL Limettensaft würzen und abkühlen lassen. Den Dip vor dem Servieren nochmals mit Salz, Pfeffer und Limettensaft abschmecken.

TIPP
Wenn Sie den Dip etwas flüssiger bzw. etwas weniger gehaltvoll mögen, können Sie etwas mehr Brühe dazugeben oder ca. 50 ml Kokosmilch durch Brühe ersetzen.

REGISTER

Damit Sie Rezepte mit bestimmten Zutaten noch schneller finden, sind in diesem Register auch beliebte Zutaten wie **Pilze** oder **Rindfleisch** alphabetisch eingeordnet und hervorgehoben. Darunter finden Sie das Rezept Ihrer Wahl. Vegetarische Rezepte, die im Buch mit einem 🌿 gekennzeichnet sind, sind hier grün abgesetzt.

A

Apfel-Relish 55
Asiatischer Feuertopf 34
Asiatischer Kohlsalat 49

B

Bourguignonne, Fondue 20
Bierfondue mit zweierlei Aufschnitt 12
Brühefondues
    Asiatischer Feuertopf 34
    Japanisches Fondue mit Sesamdip 40
    Mediterranes Fischfondue 38
    Orient-Chicken-Fondue 24
    Thai-Fondue 44
    Vietnamesisches Fondue 42
    Wan-Tans mit Hackfüllung 36
    Wildfondue mit Rosenkohl und Lauch 26
Bunter Wintersalat 50

C

Camembert-Fondue 15
Chimichurri 56
Couscous-Salat mit Granatapfel 48

E/F

Entenbrustfondue, Spicy 24
Erdnussdip, scharfer 59
Fettfondues
    Fleischbällchen-Fondue 22
    Fondue bourguignonne 20
    Gemüse-Tempura 33
    Herbstliches Gemüsefondue 30
    Indisches Gemüsefondue 32
    Käse-Birnen-Fondue 29
    Orient-Chicken-Fondue 24
    Polentabällchen-Fondue 28
    Ranch-Rindfleischfondue 25
    Scharfes Lammfondue 25
    Spicy Entenbrustfondue 24
Feuertopf, asiatischer 34
Fischfondue, mediterranes 38
Fleischbällchen-Fondue 22
Fondue bourguignonne 20
Fonduta 14
Frischkäsefondue 16

G

Garnelen
    Mediterranes Fischfondue 38
    Vietnamesisches Fondue 42
Gemüsebeilagen
    Koreanischer Spinat 53
    Möhren-Pastinaken-Antipasti 52
    Rote-Bete-Carpaccio 53
    Safranschalotten 52
Gemüsefondue, herbstliches 30
Gemüsefondue, indisches 32
Gemüse-Tempura 33
Gorgonzola-Fondue 15

H

Hackfleisch
    Fleischbällchen-Fondue 22
    Wan-Tans mit Hackfüllung 36
Herbstliches Gemüsefondue 30
Huhn
    Orient-Chicken-Fondue 24
    Thai-Fondue 44

I/J

Indisches Gemüsefondue 32
Japanisches Fondue mit Sesamdip 40

K

Käse-Birnen-Fondue 29
Käsefondues
    Bierfondue mit zweierlei Aufschnitt 12
    Camembert-Fondue 15
    Fonduta 14
    Frischkäsefondue 16
    Gorgonzola-Fondue 15
    Klassisches Käsefondue 10
    Pilz-Speck-Fondue 13
    Tomatenfondue 14
Klassisches Käsefondue 10
Kohlsalat, asiatischer 49
Koreanischer Spinat 53

L

Lammfondue, scharfes 25
Lauch
  Asiatischer Feuertopf 34
  Fondue bourguignonne 20
  Wildfondue mit Rosenkohl und Lauch 26

M/O

Mediterranes Fischfondue 38
Meerrettich-Kräuter-Dip 57
Möhren
  Asiatischer Kohlsalat 49
  Bunter Wintersalat 50
  Herbstliches Gemüsefondue 30
  Möhren-Pastinaken-Antipasti 52
  Vietnamesisches Fondue 42
Orangen-Aioli, scharfe 56
Orient-Chicken-Fondue 24

P

Paprika-Nuss-Dip 58
Pastinaken
  Herbstliches Gemüsefondue 30
  Möhren-Pastinaken-Antipasti 52
Pflaumensauce, süßscharfe 57
Pilze
  Asiatischer Feuertopf 34
  Fondue bourguignonne 20
  Gemüse-Tempura 33
  Japanisches Fondue mit Sesamdip 40
  Pilz-Speck-Fondue 13
  Wildfondue mit Rosenkohl und Lauch 26
Polentabällchen-Fondue 28

R

Rindfleisch
  Asiatischer Feuertopf 34
  Fondue bourguignonne 20
  Japanisches Fondue mit Sesamdip 40
  Ranch-Rindfleischfondue 25
  Vietnamesisches Fondue 42
Rosenkohl
  Herbstliches Gemüsefondue 30
  Wildfondue mit Rosenkohl und Lauch 26
Rote-Bete-Carpaccio 53

S

Safranschalotten 52
Salate
  Asiatischer Kohlsalat 49
  Bunter Wintersalat 50
  Couscous-Salat mit Granatapfel 48
Saucen und Dips
  Apfel-Relish 55
  Chimichurri 56
  Meerrettich-Kräuter-Dip 57
  Paprika-Nuss-Dip 58
  Scharfe Orangen-Aioli 56
  Scharfer Erdnussdip 59
  Sellerie-Remoulade 54
  Sesamdip 40
  Süßscharfe Pflaumensauce 57
Scharfe Orangen-Aioli 56
Scharfer Erdnussdip 59
Scharfes Lammfondue 25
Sellerie-Remoulade 54
Spicy Entenbrustfondue 24
Spinat
  Asiatischer Feuertopf 34
  Koreanischer Spinat 53
Süßscharfe Pflaumensauce 57

T

Tempura: Gemüse-Tempura 33
Thai-Fondue 44
Tintenfische: Vietnamesisches Fondue 42
Tomaten
  Chimichurri 56
  Gorgonzola-Fondue 15
  Tomatenfondue 14

V/W

Vietnamesisches Fondue 42
Wan-Tans mit Hackfüllung 36
Wildfondue mit Rosenkohl und Lauch 26
Wintersalat, bunter 50

Z

Zucchini
  Gemüse-Tempura 33
  Indisches Gemüsefondue 32
Zuckerschoten
  Frischkäsefondue 16
  Thai-Fondue 44

© 2014 GRÄFE UND UNZER
VERLAG GmbH, München
Alle Rechte vorbehalten. Nachdruck, auch auszugsweise, sowie die Verbreitung durch Film, Funk, Fernsehen und Internet, durch fotomechanische Wiedergabe, Tonträger und Datenverarbeitungssysteme jeglicher Art nur mit schriftlicher Genehmigung des Verlages.

Projektleitung:
Kathrin Ullerich
Lektorat: Katharina Lisson
Korrektorat: Jutta Friedrich
Innen- und Umschlaggestaltung: independent Medien-Design, Horst Moser, München
Herstellung: Sigrid Frank
Satz: Kösel, Krugzell
Reproduktion:
medienprinzen GmbH, München
Druck und Bindung:
Schreckhase, Spangenberg
Syndication:
www.jalag-syndication.de

2. Auflage 2014
ISBN 978-3-8338-4120-0
Printed in Germany
www.facebook.com/gu.verlag

Die Autorin
Tanja Dusy kocht leidenschaftlich gern für Familie, Freunde und Gäste. Wenn Letztere kommen, ist bei ihr der Fonduetopf häufig im Einsatz, und das nicht nur im Winter. Ideen und Anregungen für ihre Rezepte holt sich Tanja Dusy im Alltag und noch lieber auf Reisen. Sie arbeitet seit 2001 für den GRÄFE UND UNZER Verlag und hat bereits zahlreiche prämierte Kochbücher verfasst.

Das Fototeam
Monika Schürle und **Maria Grossmann** arbeiten schon seit Langem erfolgreich in den Bereichen Food, Stilllife und Interior für Magazine, Verlage und Agenturen. Um die Fondues stimmungsvoll in Szene zu setzen, wurden sie von Susanne Walter als Foodstylistin unterstützt.

Bildnachweis
Titelfoto: Wolfgang Schardt, Hamburg; alle anderen Fotos: Monika Schürle, Berlin

Titelrezepte
Fondue bourguignonne (S. 20), Safranschalotten (S. 52), Meerrettich-Kräuter-Dip (S. 57), Scharfe Orangen-Aioli (S. 56)

Liebe Leserin, lieber Leser,
haben wir Ihre Erwartungen erfüllt? Sind Sie mit diesem Buch zufrieden? Haben Sie weitere Fragen zu diesem Thema? Wir freuen uns auf Ihre Rückmeldung, auf Lob, Kritik und Anregungen, damit wir für Sie immer besser werden können.

GRÄFE UND UNZER Verlag
Leserservice
Postfach 86 03 13
81630 München
E-Mail:
leserservice@graefe-und-unzer.de

Telefon: 00800 / 72 37 33 33*
Telefax: 00800 / 50 12 05 44*
Mo–Do: 8.00–18.00 Uhr
Fr: 8.00–16.00 Uhr
(* gebührenfrei in D, A, CH)

Ihr GRÄFE UND UNZER Verlag
Der erste Ratgeberverlag – seit 1722.

Umwelthinweis:
Dieses Buch ist auf PEFC-zertifiziertem Papier aus nachhaltiger Waldwirtschaft gedruckt.

So viel mehr lecker.

ISBN 978-3-8338-3427-1

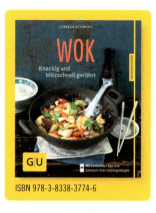
ISBN 978-3-8338-3774-6

ISBN 978-3-8338-3432-5

ISBN 978-3-8338-3431-8

ISBN 978-3-8338-3435-6

Alle hier vorgestellten Bücher sind auch als eBook erhältlich.

Mehr von GU auf www.gu.de und
facebook.com/gu.verlag

Willkommen im Leben.

FONDUE-MENÜS: FESTLICH UND LEICHT ...

Mit dem feinen Fleischfondue lässt sich das alte Jahr gut beschließen. Und für alle, die jetzt schon weniger Fleisch essen möchten, gibt's die Veggie-Variante.

SILVESTERFONDUE

Ranch-Rindfleischfondue (siehe S. 25)
Spicy Entenbrustfondue (siehe S. 24)
Fleischbällchen-Fondue (½ Rezept, siehe S. 22)
Chimichurri (siehe S. 56)
Meerrettich-Kräuter-Dip (siehe S. 57)
Bunter Wintersalat (1 ½-fache Menge, siehe S. 50)

Außerdem:
1 ½ kg Weißbrot (z. B. Ciabatta)
2 Stangen Lauch
250 g Champignons
Eingelegtes Gemüse (Antipasti)

Für 8 Personen

1 Beide Fleischsorten marinieren und zugedeckt kühl stellen. Beide Dips anrühren und ebenfalls zugedeckt kühl stellen.

2 Hackbällchen zubereiten und mit Folie abgedeckt kühl stellen. Lauch putzen, waschen, in ca. 1 cm breite Ringe schneiden und in kochendem Salzwasser bissfest garen. Kalt abschrecken, abtropfen lassen und trocken tupfen. Pilze putzen und halbieren. Salatdressing vorbereiten.

3 Den Salat fertigstellen. Alle Zutaten auf den Tisch stellen. Das Fett erhitzen und in den Fonduetopf füllen.

VEGETARISCHES FONDUE

Herbstliches Gemüsefondue (doppelte Menge, siehe S. 30)
Polentabällchen-Fondue (siehe S. 28)
Sellerie-Remoulade (siehe S. 54)
Paprika-Nuss-Dip (siehe S. 58)
Rote-Bete-Carpaccio (1 ½-fache Menge, siehe S. 53)

Außerdem:
1 ½ kg Brot (Weißbrot oder Nussbrot)
Evtl. Weintrauben, Birnenspalten und 250 g gehobelter Käse (Sbrinz oder Parmesan)

Für 8 Personen

1 Polentamasse kochen und abkühlen lassen. Beide Dips vorbereiten und kühl stellen.

2 Polentabällchen fertigstellen und mit Folie abgedeckt kühl stellen. Fonduegemüse vorbereiten, blanchieren, auf Platten anrichten und mit Frischhaltefolie abdecken. Den Ausbackteig anrühren und quellen lassen. Rote Bete aufschneiden, das Dressing anrühren.

3 Alle Zutaten auf den Tisch stellen. Rote-Bete-Carpaccio fertigstellen. Eischnee schlagen und unter den Ausbackteig heben. Das Fett erhitzen und in den Fonduetopf füllen.